# Montageprozesse – Grundkenntnisse in einfacher Sprache

Katrin Kappenstein

1. Auflage

Registrieren Sie sich auf www.ht-digital.de und geben Sie dort den Code zur Freischaltung ein:

HT

VHT-QJX9-XJP7-M79X

Handwerk und Technik – Hamburg

ISBN 978-3-582-03081-8    Best.-Nr. 3081

Die Normblattangaben werden wiedergegeben mit Erlaubnis des DIN Deutsches Institut für Normung e.V. Maßgebend für das Anwenden der Norm ist deren Fassung mit dem neuesten Ausgabedatum, die bei der Beuth Verlag GmbH, Burggrafenstraße 6, 10787 Berlin, erhältlich ist.

---



Verlag Handwerk und Technik GmbH,
Lademannbogen 135, 22339 Hamburg; Postfach 63 05 00, 22331 Hamburg – 2024
E-Mail: info@handwerk-technik.de – Internet: www.handwerk-technik.de

Umschlagmotive:
Shutterstock Images LLC, New York, USA: 2 (guruXOX), 3 (Uldis Laganovskis), 4 (noprati somchit)
stock.adobe.com: 1 (Cmon)

Satz und Layout: KCS GmbH, 21435 Stelle
Druck: Himmer GmbH, 86167 Augsburg

# Vorwort

Willkommen in Ihrem neuen Berufsleben. Dieses Buch ist für die ersten Lehrjahre in Metallberufen. Es begleitet die Ausbildung und die Berufsschule in der Industriemechanik und im handwerklichen Metallbau. Es eignet sich auch für das Berufsgrundschuljahr beziehungsweise die Berufsfachschule. Das Buch liefert Grundlagenwissen. Für ein tieferes und breiteres Wissen gibt es die anderen Fachbücher.

Im Buch „Fertigungstechnik“ haben Sie viel über das Trennen und das Umformen gelernt. Dieser Band „Montageprozesse“ schließt daran an. Er behandelt das große Thema Verbindungstechniken. Das heißt auch: Fügen. Im Buch werden diese Verfahren einfach und verständlich erklärt:

- Schweißen
- Löten
- Kleben
- Schrauben
- Nieten
- Stiften
- Bolzen

Außerdem gibt es in diesem Buch noch eine kleine Werkstoffkunde, damit vorher erklärt ist, was sonst später unklar sein könnte.

Und Sie lernen einiges über das Richten. Denn Sie müssen Bauteile häufig vor oder nach dem Fügen richten.

Teilweise gibt es Beispiele aus dem Alltag. Die dienen als Vergleich. Am Ende von den meisten Kapiteln gibt es Übungen. Damit können Sie selbst überprüfen, was Sie gelernt und verstanden haben.

Außerdem gibt es die Werkstatthinweise. Darin finden Sie nützliche Tipps für den Arbeitsalltag. Dort finden Sie auch einige Hinweise für die Sicherheit bei der Arbeit und gegen Unfälle. Es gelten aber immer und grundsätzlich die Vorschriften der Berufsgenossenschaft. In Ihrem Ausbildungsbetrieb, in der Berufsschule und bei der Berufsgenossenschaft können Sie sich zu solchen Vorschriften informieren.

## Fügen

# 1 Grundlagen

Montagetechniken sind wichtig für das Fertigen von Werkstücken. In der Werkstatt oder auf der Baustelle gibt es die verschiedensten Techniken, um aus Einzelteilen ein fertiges Bauteil zu machen. Das heißt auch: **Fügen**.

Oft montiert man große, fertige Bauteile auf der Baustelle. Um diese Art von Montagen geht es hier aber kaum. Hier geht es eher darum, wie Einzelteile miteinander verbunden werden können.

Außerdem lernen Sie noch einiges über das Richten. Das Richten ist eine Umformtechnik. Trotzdem ist es in diesem Band vertreten, weil es für das Fügen teilweise sehr wichtig ist. Zum Beispiel muss man Teile vor dem Fügen richten, wenn sie krumm sind. Manchmal werden Teile vom Schweißen krumm. Dann muss man sie hinterher richten.

Das Teil, das man gerade bearbeitet, nennt man: **Werkstück**. Das Material, aus dem das Werkstück besteht, nennt man: **Werkstoff**.

**Verschiedene Arten von Verbindungen**

Es gibt verschiedene Arten, Teile miteinander zu verbinden. Jede Art hat ihre Vorteile und Nachteile. Und damit ist jede Verbindungsart für eine Anwendung entweder ganz besonders gut oder vielleicht sogar überhaupt nicht geeignet. Um sie zu unterscheiden, kann man sich solche Fragen stellen:

- Mit welchem Verfahren oder welcher Technik sind die Teile verbunden?
- Kann man die Verbindung wieder lösen, ohne sie zu zerstören?
- Wie und warum halten die Teile zusammen?
- Ist es eine starre oder eine bewegliche Verbindung?

Grundsätzlich muss man aber noch auf weitere Dinge achten:

- Wird die Verbindung die geforderte Sicherheit erfüllen?
- Wird die Verbindung fest genug sein?
- Muss die Verbindung zum Beispiel wasserdicht oder rostbeständig sein?
- Ist die Verbindung sichtbar und muss sie darum gut aussehen?
- Können Sie die gewählte Verbindungsart mit Ihrem Werkzeug ordentlich und sicher ausführen? Ist das auch wirtschaftlich möglich, also in einer angemessenen Zeit und mit angemessenen Mitteln?

## 1.1 Verbindungstechniken

Es gibt viele verschiedene Techniken, um Einzelteile oder Bauteile miteinander zu verbinden. Einige davon haben Sie vielleicht schon bei Ihrer Arbeit kennengelernt oder sogar schon vorher im Alltag.

**Merke**

Für jede Anwendung gibt es eine optimale Verbindungstechnik.

Die bekannteste Verbindungstechnik im Metallbau ist das **Schweißen**. Es gibt viele Schweißtechniken, die sich alle ein bisschen voneinander unterscheiden. Diese sind jeweils für verschiedene Werkstoffe geeignet. Aber alle Schweißtechniken haben eines gemeinsam: Das Werkstück wird mit Wärme verbunden. Wenn etwas mit Wärme zu tun hat, heißt das: **thermisch**.

Beim Schweißen wird das Metall an der Verbindungsstelle so weit erhitzt, dass es flüssig wird. Der Werkstoff an der Schweißstelle schmilzt. Das geschmolzene Metall erstarrt aber wieder sehr schnell. Nach dem Erstarren sind die Teile verbunden. Im Kapitel 4 erfahren Sie ausführlich, welche Schweißtechniken es gibt und welche Werkzeuge und Maschinen man dafür benutzt.

Es gibt noch ein weiteres thermisches Verfahren. Das ist das **Löten**. Beim Löten schmilzt nicht der Werkstoff vom Werkstück, sondern das sogenannte Lot. Das Lot besteht aus einem anderen Metall als das Werkstück. Es fließt in die Verbindungsstelle zwischen den Teilen. Kapitel 5 erläutert das Löten.

Das Löten ist so ähnlich wie das **Kleben** (siehe Kapitel 6). Beim Kleben hält der Klebstoff, also ein anderes Material als das vom Werkstück, die Teile zusammen.

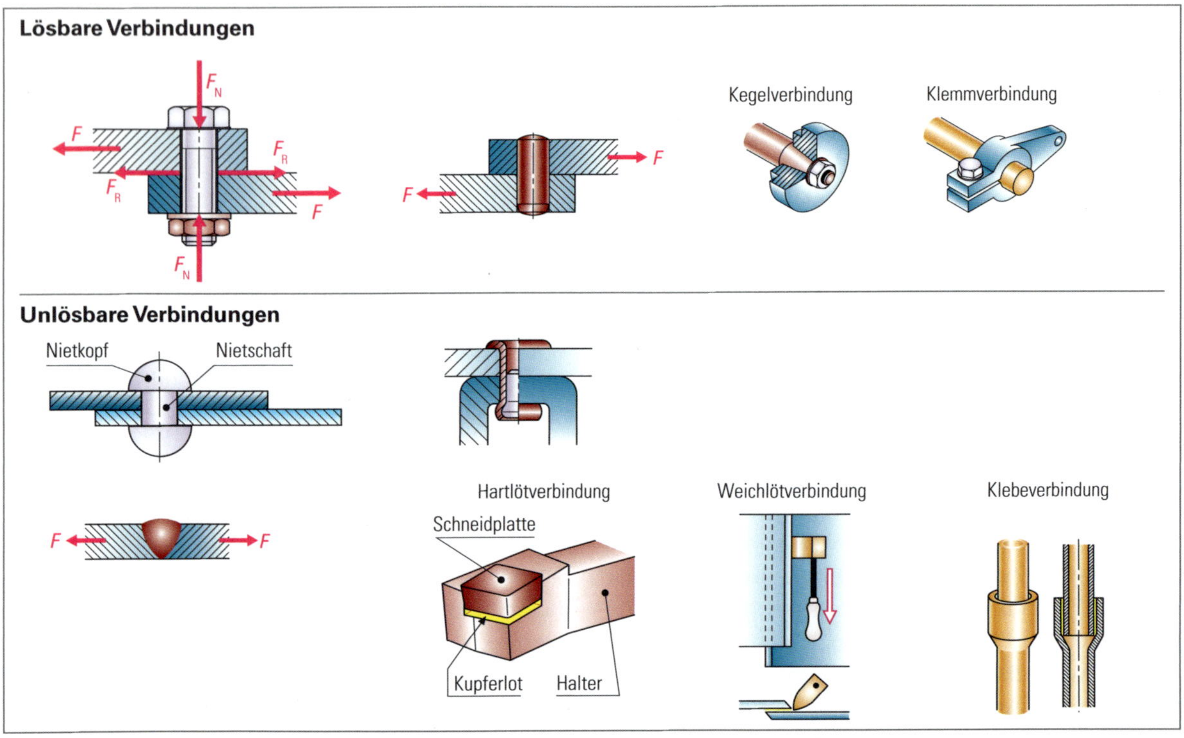


**1:** Lösbare und unlösbare Verbindungen

Das Verbinden mit **Schrauben** ist eine wichtige Technik im Metallbau. Sie haben sicherlich schon einige verschiedene Schrauben kennengelernt. Sie unterscheiden sich in ihrer Form, Festigkeit und Größe und auch darin, für welchen Zweck sie bestimmt sind und wie man sie anwendet.
Außerdem in dem Werkzeug, das man für sie braucht. Das Kapitel 7 erläutert verschiedene Schrauben, ihre Anwendung und Werkzeuge.
Einzelteile lassen sich auch mit **Bolzen**, **Stiften** oder **Nieten** verbinden. Sie unterscheiden sich durch ihre Anwendung. Niete, Stifte und Bolzen sind kleine Verbindungselemente, die wie die Schraube extra zum Montieren von Teilen da sind. Die Kapitel 8, 9 und 10 erläutern diese Verfahren.
Wenn man ohne Verbindungselemente arbeitet, gibt es die folgenden Techniken: das **Schrumpfen** und das **Pressen**.

## 1.2 Lösbare und unlösbare Verbindungen

Montagetechniken unterscheiden sich auch darin, ob sich die Verbindung wieder lösen lässt oder nicht (Bild 1). Es gibt einerseits Verbindungen, die lösbar sein müssen. Andererseits gibt es Verbindungen, die auf gar keinen Fall lösbar sein dürfen.

Die Vorteile von **lösbaren Verbindungen** sind:

- Man kann sie später noch korrigieren.
- Man kann das Verbindungsmittel meistens mehrmals verwenden.
- Sie eignen sich für Stellen, an denen man die Verbindung oder die Einstellung manchmal verändern muss oder wo man häufig öffnet und wieder schließt.

Eine Schweißnaht zum Beispiel zählt zu den unlösbaren Verbindungen. Sie müssten das Werkstück mit einer Trennscheibe oder mit roher Gewalt und einem dicken Hammer bearbeiten, um eine ordentliche Schweißnaht auseinander zu bekommen. Sie sehen also: Es geht hier um das zerstörungsfreie Lösen von Verbindungen.

**Merke**

Eine Verbindung heißt **lösbar**, wenn die einzelnen Bauteile, die Verbindungsstelle und die Verbindungsmittel nach dem Lösen noch intakt sind.

| Verbindungstechnik | bewegliche Verbindung | lösbare Verbindung | Kraftschluss | Formschluss | Stoffschluss |
|---|---|---|---|---|---|
| Schweißen | ✗ | ✗ | | | ✓ |
| Löten | ✗ | ✗ (✓) | | | ✓ |
| Kleben | ✗ | ✗ | | | ✓ |
| Nieten | ✗ | ✗ (✓) | | ✓ | |
| Klemmen | ✗ | ✓ | ✓ | | |
| Schrauben | ✗ (✓) | ✓ | ✓ | (✓) | |
| Pressen | ✗ | ✓ | ✓ | ✓ | |
| Bolzen | ✓ | ✓ | | ✓ | |
| Stiften | ✓ | ✓ | | ✓ | |
| Schrumpfen | ✗ | ✓ | ✓ | | |

**1:** Verbindungen und ihre Eigenschaften

In Tabelle 1 finden Sie eine Übersicht mit verschiedenen Verbindungstechniken. Darin können Sie auch sehen, welche Verbindungen lösbar sind und welche nicht.
Beim Löten liegt ein besonderer Fall vor. Denn man kann mit dem Brenner eine Lötstelle wieder lösen, ohne die Einzelteile zu beschädigen. Eine schlechte Lötnaht lässt sich dadurch korrigieren. Beim Schweißen ist das nicht ohne mechanische Zerstörung von der Schweißnaht möglich.
Beim Nieten ist es ähnlich. Ein Niet lässt sich ausbohren, ohne die einzelnen Bauteile zu beschädigen. In beiden Fällen sind aber die Verbindungsteile (also das Lot und der Niet) nicht mehr intakt. Darum kann man hier eigentlich nur von einer bedingt lösbaren Verbindung sprechen.

## 1.3 Starre und bewegliche Verbindungen

Es gibt ein weiteres Merkmal, wie man Verbindungen unterscheiden kann. Eine Verbindung kann nämlich entweder **starr** oder **beweglich** sein.

**Merke**
Wenn sich die Teile am fertigen Werkstück nicht gegeneinander bewegen dürfen, muss man sie starr verbinden.

Viele Verbindungsarten sind starr. Alle Verbindungen, die geschweißt, gelötet und geklebt sind, dürfen nach dem Fügen nicht mehr beweglich sein, sonst ist die Verbindung schlecht oder falsch ausgeführt. Dasselbe gilt für solche Verbindungen wie das Nieten, Pressen, Schrumpfen oder Klemmen. Wenn sich die Teile nach dem Fügen noch gegeneinander bewegen, ist die Verbindung schlecht ausgeführt. Ansonsten sind die Verbindungsteile falsch gewählt.

**Merke**
Wenn sich die Teile am fertigen Werkstück gegeneinander bewegen müssen, darf man sie nicht starr verbinden.

Bei beweglichen Verbindungen ist manchmal das Verbindungsteil mit einem Einzelteil fest verbunden. Ein anderes Einzelteil kann so damit verbunden sein, dass es zum Beispiel verschiebbar oder drehbar ist. Manchmal ist das Verbindungsteil aber nur lose mit zwei oder mehr Einzelteilen verbunden, sodass alle Teile gegeneinander beweglich sind. Eine bewegliche Verbindung heißt: **Gelenk**.
Schrauben sind wieder ein Sonderfall. Eigentlich sollen Schrauben bewirken, dass Teile fest aneinander sitzen. Die Teile sollen sich dann nicht mehr drehen oder verschieben können. Es gibt aber auch Schraubverbindungen, die untereinander bewegliche Teile halten.
In der Tabelle 1 sehen Sie, welche Verbindungsart beweglich ist.

| | | |
|---|---|---|
| **Schraubenverbindung** 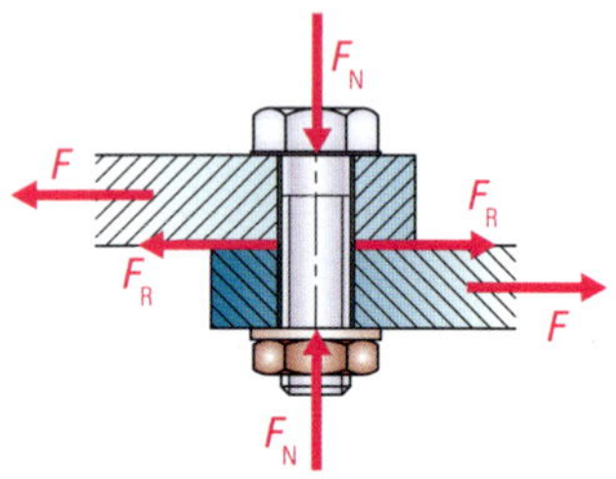  | **Kraftschlüssige Verbindungen** Die Berührflächen der Teile übertragen äußere Kräfte durch Reibkräfte. | 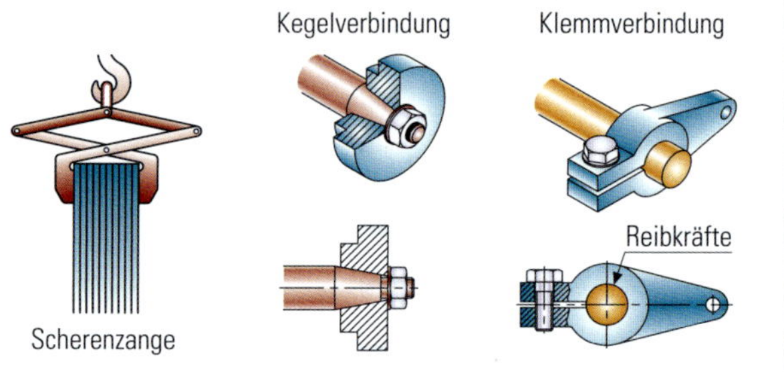  |
| **Stiftverbindung** 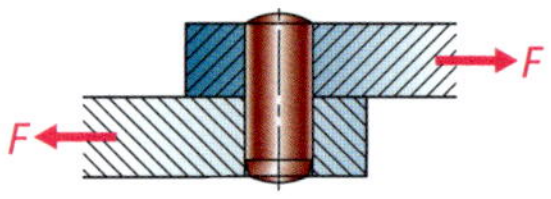  | **Formschlüssige Verbindungen** ■ Zusatzelemente (Stift, Splint, Niet) verbinden aufgrund ihrer Form. ■ Teile (Maulschlüssel, Zahnräder) greifen ineinander. | 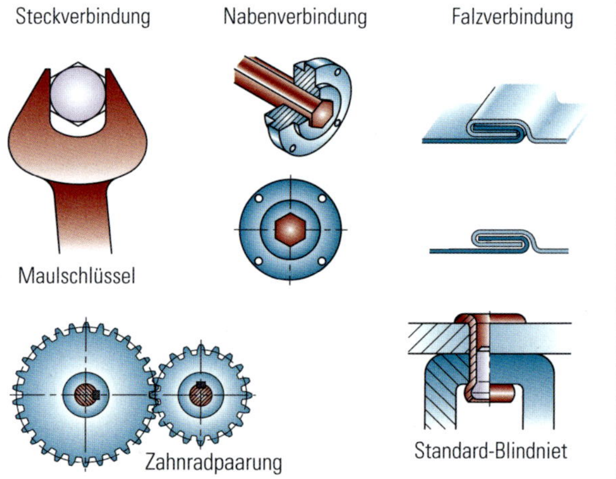  |
| **Schweißverbindung** 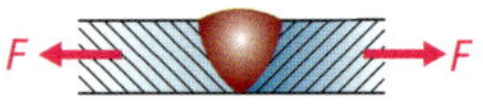  | **Stoffschlüssige Verbindungen** Zusatzwerkstoffe haften an der Oberfläche der Teile oder verbinden sich mit deren Grundwerkstoff. | 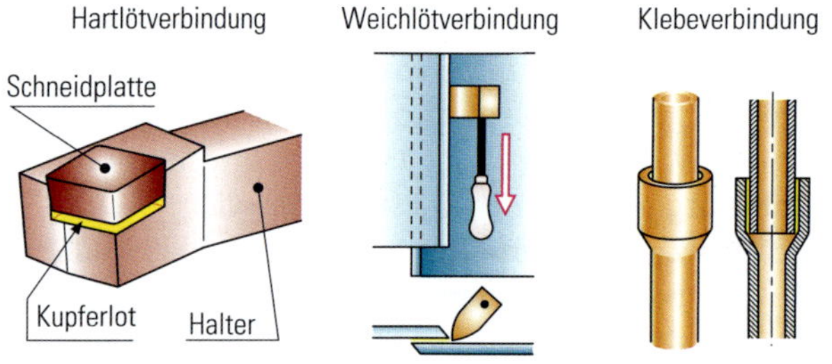  |

**1:** Kraftschlüssige, formschlüssige und stoffschlüssige Verbindungen

## 1.4 Verbindungsarten

Hier ist nicht die Technik vom eigentlichen Verbinden gemeint. Stattdessen lernen Sie hier, warum und auf welche Weise die Einzelteile bei einem Fügeverfahren fest aneinander sitzen.
Man unterscheidet drei verschiedene Verfahren. Es gibt **kraftschlüssige**, **formschlüssige** und **stoffschlüssige** Verbindungen. Bild 1 zeigt ein paar Beispiele für diese drei Verbindungsarten.
Die roten Pfeile in den Zeichnungen zeigen sogenannte **Kräfte** an. Ein Pfeil zeigt an, in welche Richtung eine Kraft wirkt. Das Formelzeichen für Kraft ist *F*. Das *F* ist die Abkürzung für das lateinische Wort „fortitudo" oder für das englische Wort „force".

### 1.4.1 Kraftschlüssige Verbindung

Wie das Wort schon sagt, bewirkt hier eine **Kraft** die Verbindung von zwei Teilen.
Dabei wirken verschiedene Kräfte. Ein bekanntes Beispiel dafür ist die Schraubverbindung. Damit Sie es sich besser vorstellen können, denken Sie an diese alltägliche Tätigkeit: Sie spannen eine neue Trennscheibe auf den Winkelschleifer. Sie schrauben die Scheibe mit der Mutter fest. Die Mutter presst dabei die Trennscheibe auf der Welle fest an. Das ist die **Anpresskraft**.

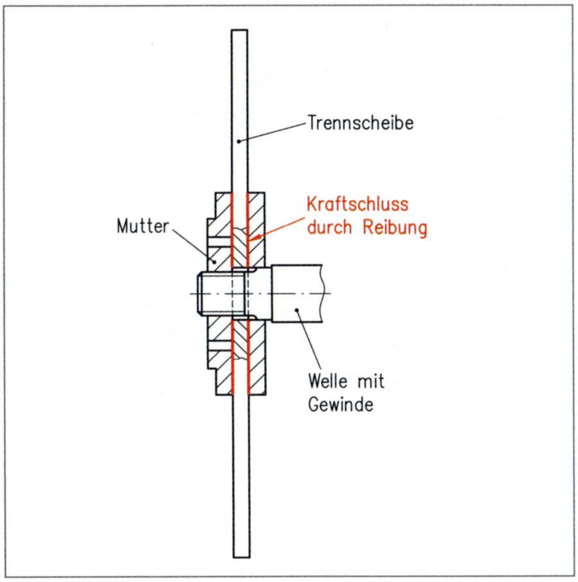


**1:** Kraftschlüssige Verbindung

Die Anpresskraft muss groß genug sein. Dann wird die Reibungskraft zwischen den Flächen so groß, dass keine Bewegung mehr möglich ist (Bild 1). Darum heißt eine kraftschlüssige Verbindung auch: **reibschlüssig**. Die Trennscheibe kann sich zwischen der Mutter und der Welle also nicht mehr bewegen. Wenn die Anpresskraft zu gering ist, kann die Scheibe beim Trennen durchdrehen und dadurch „eiern" oder sogar zerbrechen. Wenn die Anpresskraft zu groß ist, können sich die Flächen so sehr aneinander „festfressen", dass Sie die Scheibe hinterher nur sehr mühsam wieder lösen können.

**Beispiele**

- Eine Schraubzwinge presst zwei Teile zusammen, bevor sie verschweißt werden.
- Ein Möbelstück ist zu schwer, um es zur Seite zu schieben.
- Eine Schraube fixiert das Schutzblech am Rahmen vom Fahrrad.

Die Reibungskraft muss allgemein immer groß genug sein, um zu „funktionieren". Das können Sie so erreichen:

- Die Berührungsfläche muss groß genug sein.
- Die Berührungsfläche muss rau genug sein.
- Die Anpresskraft muss groß genug sein. Das geht nur, wenn die Verbindungsteile geeignet sind. Schrauben müssen zum Beispiel dick genug, fest genug und in ausreichender Anzahl vorhanden sein. Die sogenannten **Festigkeitsklassen** von Schrauben finden Sie im Tabellenbuch.

Sie können sich gut vorstellen, dass man einen 300 mm starken, meterlangen Doppel-T-Träger nicht dauerhaft mit zwei bleistiftdünnen Schrauben an der Decke befestigen kann.

**Merke**
Die Reibungskraft zwischen den Teilen muss größer sein als die Kraft, die von außen auf die Teile wirkt.

Weil bei solchen Verbindungen teilweise starke Kräfte wirken, lassen sich damit nicht alle Werkstoffe verbinden. Sie können sich denken, dass man spröde Werkstoffe besser nicht mit großer Kraft aufeinander schraubt. Die Werkstoffe würden durch die Anpresskraft möglicherweise zerspringen.

### 1.4.2 Formschlüssige Verbindung

Formschlüssige Verbindungen funktionieren dadurch, dass die einzelnen Teile in ihrer **geometrischen Form** sehr genau zueinander passen.
Häufig greifen bei formschlüssigen Verbindungen passende Teile ineinander. Solche Verbindungen nutzen Sie alltäglich: einen Reißverschluss oder einen Druckknopf. Auch im Metallhandwerk kommen viele formschlüssige Verbindungen vor, bei denen sogenannte **Passungen** ineinandergreifen.
Ein Beispiel ist die Schraube, die Sie mit einem geeigneten Werkzeug drehen. Der Schraubendreher, der Schraubenschlüssel oder der Bit muss genau auf oder in die Schraube passen, damit Sie gut arbeiten können (Bild 1, Seite 6).

Ein weiteres bekanntes Beispiel ist die Passung von Zahnrädern. Die Zähne von Zahnrädern sollen gut ineinandergreifen. Dafür müssen sie so genau passend wie möglich gefertigt sein. Dann lässt sich die Drehung besser übertragen, die Zahnräder verschleißen weniger und das Risiko von Beschädigungen ist geringer.

**1:** Gut und schlecht passende formschlüssige Verbindung

**Beispiele**

- Fahrradantrieb mit Kette oder Riemen
- Zip-Verschluss von Frischhaltebeuteln
- Klemmbausteine
- metrische Schraube mit passender Mutter
- Schlüssel im Profilzylinder

Es gibt auch formschlüssige Verbindungen an fertigen Werkstücken. Beim Schmieden kommen viele solche Verbindungen vor. Alte Stahlbrücken und viele Zangen sind durch Nieten formschlüssig miteinander verbunden.

**Merke**

Je besser die Teile geometrisch zusammenpassen, desto besser funktioniert der Formschluss.

### 1.4.3 Stoffschlüssige Verbindung

Stoffschlüssige Verbindungen entstehen beim Löten, Schweißen und Kleben. Bei einer stoffschlüssigen Verbindung wirken Kräfte zwischen den Stoffen von den Bauteilen.

**Beispiele**

- Einschweißen von Füllstäben in ein Gitter
- Anlöten von einer Schneide an den Drehmeißel
- Fixieren von einer Schraubverbindung mit Klebstoff

Die Stoffe sind die **Atome** oder **Moleküle**, aus denen die Bauteile bestehen. Die Kräfte heißen: Kohäsionskraft und Adhäsionskraft oder auch einfach nur Kohäsion und Adhäsion. Das sind Fachwörter aus der Physik und der Chemie.

Die **Adhäsionskraft** heißt auch: **Anhangskraft**. Sie ist die Kraft, mit der sich zwei Stoffe einander „festhalten". Noch genauer gesagt: Sie ist die Kraft, mit der sich ein Stoff an dem Stoff von einer Oberfläche festhält. Stellen Sie sich als Beispiel einen Wassertropfen vor, der am Rand von einem Becken „klebt". Er hält sich auf verschiedenen Untergründen unterschiedlich gut, bevor er weiter runterrollt. Vielleicht haben Sie schon einmal vom Lotus-Effekt gehört. Die Oberfläche von Lotusblättern ist so beschaffen, dass sich ein Wassertropfen nicht halten kann. Beim Lotuseffekt ist die Adhäsionskraft so stark verringert, dass der Wassertropfen nicht über die Oberfläche rollt, sondern rutscht. Eine Oberfläche mit Lotuseffekt ist darum nicht für eine stoffschlüssige Verbindung geeignet.

**Merke**

Für eine stoffschlüssige Verbindung braucht man Oberflächen, an denen möglichst hohe Adhäsionskräfte wirken können.

Für alle stoffschlüssigen Verbindungen braucht man ein Verbindungsmittel. Oft ist ein Verbindungsmittel beim Fügen flüssig. Wenn es fest wird, verbindet es die Teile. Das Verbindungsmittel hält umso besser, je größer die Oberfläche ist. Deshalb versieht man Stahlprofile manchmal vor dem Schweißen mit einer **Fase** oder man raut Bauteile vor dem Kleben auf. Beides dient dazu, für eine stoffschlüssige Verbindung eine größere Oberfläche zu machen (Bild 1, Seite 7). Das kennen Sie vielleicht schon aus dem Arbeitsalltag. Damit eine stoffschlüssige Verbindung hält, müssen beide Kräfte gut wirken können. Also die Adhäsionskraft und die Kohäsionskraft. Für eine gute Adhäsionskraft muss die Oberfläche außerdem sauber und trocken sein, weil das Verbindungsmittel zum Beispiel an Fett, Öl oder Staub nicht gut hält.

Außerdem müssen Sie das Verbindungsmittel gut auswählen. Das heißt für stoffschlüssige Verbindungen im Metallbau: Es soll die Kontaktfläche möglichst gut **benetzen**. Es muss also gut fließen können. Stellen Sie sich einfach im Vergleich Wasser und Honig vor. Das Wasser verteilt sich schnell und spontan. Honig ist zwar auch flüssig, aber er fließt und verteilt sich nur sehr schwerfällig.

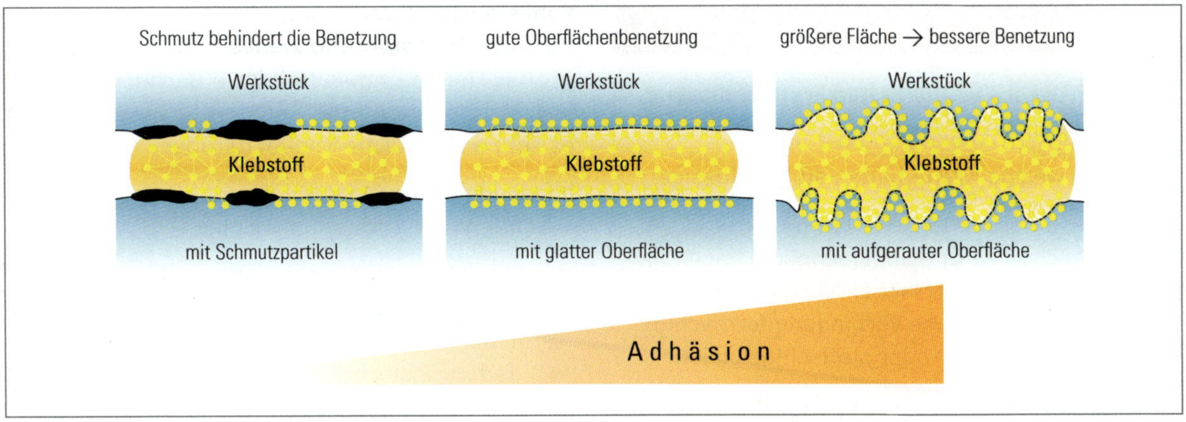


**1:** Adhäsion auf verschiedenen Oberflächen

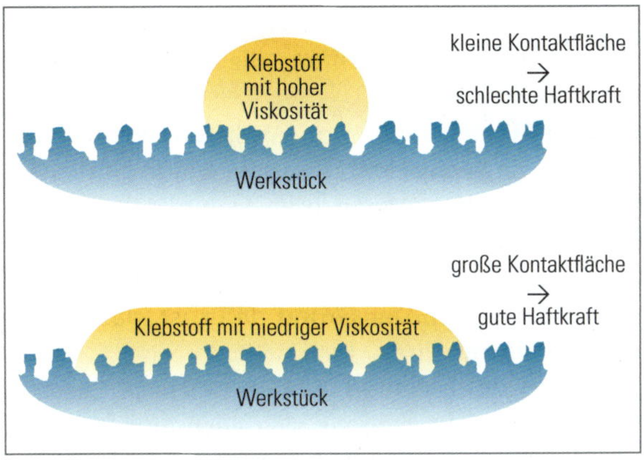


**2:** Klebstoffe mit unterschiedlichen Viskositäten

Wie „flüssig" eine Flüssigkeit ist, beschreibt der Begriff **Viskosität** (Bild 2). Flüssigkeiten mit einer niedrigen Viskosität sind dünnflüssig, sie fließen sehr gut. Flüssigkeiten mit einer hohen Viskosität sind dickflüssig, sie sind zäh und fließen sehr schlecht.
Für eine stoffschlüssige Verbindung braucht man Verbindungsmittel mit einer niedrigen Viskosität.

Die **Kohäsionskraft** heißt auch: **Zusammenhangskraft**. Sie ist die Kraft, mit der die Teilchen im Stoff zusammenhängen.
Stellen Sie sich vor, das Lot oder der Klebstoff haftet gut an den Oberflächen von den Teilen, die Sie verbinden wollen. Die Adhäsionskraft zwischen dem Verbindungsmittel und den Bauteilen ist also groß. Das ist gut, wichtig und richtig so. Jetzt stellen Sie sich aber vor, das Lot oder der Klebstoff hält selbst, also in sich nicht gut genug zusammen. Dann hält die ganze Verbindung nicht.

**Merke**

Für eine stoffschlüssige Verbindung braucht man Verbindungsmittel mit einer hohen Kohäsionskraft.

Stoffschlüssige Verbindungen sind immer starr. Wenn eine solche Verbindung noch beweglich ist, dann ist ein Fehler passiert. Außerdem zählen stoffschlüssige Verbindungen zu den unlösbaren Verbindungen. Denn man muss zum Lösen die Verbindungsstelle zerstören.
Damit eine stoffschlüssige Verbindung fest genug ist und halten wird, müssen also die Adhäsionskräfte und die Kohäsionskräfte groß genug sein. Darum müssen Sie folgende Dinge beachten:

- Ist die Verbindungsfläche groß genug beziehungsweise: ist die Naht lang genug?
- Ist die gewählte Verbindungstechnik die richtige?
- Ist das Verbindungsmittel an sich fest genug?

Außerdem gibt es noch eine wichtige Frage: Dürfen und können Sie diese Verbindungstechnik ordnungsgemäß ausführen? Das gilt besonders für Schweißverbindungen. Es gibt Schweißverfahren, für die Sie zuerst einen besonderen Schweißschein brauchen. Dabei müssen Sie jede einzelne Schweißnaht fotografieren und dokumentieren. Manchmal müssen die Schweißnähte sehr genau geprüft werden. Zum Beispiel mit Röntgenaufnahmen. Das hat damit zu tun, dass Schweißnähte teilweise sehr stark belastet werden. Nach einer extra Fortbildung für besondere Schweißverfahren müssen Sie dann also auch garantieren können, dass die Schweißnaht hält.

## Übungen

1. Durch welche Kräfte halten kraftschlüssige Verbindungen?
2. Durch welche Kräfte halten stoffschlüssige Verbindungen?
3. Mit welchen Verbindungstechniken haben Sie schon gearbeitet? Machen Sie eine Liste und ordnen Sie zu, ob die Verbindung formschlüssig, kraftschlüssig oder stoffschlüssig ist.
4. Welche kraftschlüssigen Verbindungen kennen Sie aus Ihrem Alltag zu Hause?
5. Kreuzen Sie in der Tabelle die richtigen Zuordnungen an.

| Verbindungsart / Verbindungsbeispiel | fest/starr | beweglich | kraftschlüssig | formschlüssig | stoffschlüssig | lösbar | unlösbar |
|---|---|---|---|---|---|---|---|
| Nieten | ☐ | ☐ | ☐ | ☐ | ☐ | ☐ | ☐ |
| Verschrauben mit Sechskantschraube | ☐ | ☐ | ☐ | ☐ | ☐ | ☐ | ☐ |
| Schweißen | ☐ | ☐ | ☐ | ☐ | ☐ | ☐ | ☐ |
| Verstiften | ☐ | ☐ | ☐ | ☐ | ☐ | ☐ | ☐ |
| Pressen | ☐ | ☐ | ☐ | ☐ | ☐ | ☐ | ☐ |
| Verschrauben mit Passschraube | ☐ | ☐ | ☐ | ☐ | ☐ | ☐ | ☐ |
| Klemmen | ☐ | ☐ | ☐ | ☐ | ☐ | ☐ | ☐ |
| Schrumpfen | ☐ | ☐ | ☐ | ☐ | ☐ | ☐ | ☐ |

# 2 Werkstoffkunde

Warum gibt es hier diese ganze Theorie? Ganz einfach: Alle Werkstücke, die Sie im Metallbau herstellen, sind verschiedenen Kräften, Belastungen und Einwirkungen ausgesetzt (Bild 1). Diese Kräfte, Belastungen und Einwirkungen heißen in einem Wort: **Beanspruchungen**. Außerdem haben alle Werkstoffe unterschiedliche **Eigenschaften**. Darum halten die verschiedenen Werkstoffe Beanspruchungen unterschiedlich gut aus.

Keine Angst, hier kommt jetzt kein kompliziertes Kapitel über Werkstofftechnik. Das ist ein sehr großes Thema und es füllt viele Bücher und sogar Doktorarbeiten. In den anderen Lehrbüchern gibt es sehr ausführliche Kapitel darüber.

Im Handwerk und in der Industrie sind diese Eigenschaften von Werkstoffen wichtig:

- mechanische Eigenschaften
- physikalische Eigenschaften
- chemische Eigenschaften
- fertigungstechnische Eigenschaften

In diesem Buch finden Sie nicht die Erläuterungen zu allen Eigenschaften, das wäre zu viel. Stattdessen gibt es eine kleine Übersicht und die Erklärung von einigen Fachbegriffen, die auch in diesem Buch vorkommen.
Um die Eigenschaften von Werkstoffen festzustellen, gibt es **Werkstoffprüfungen**. Dafür gibt es extra Prüfanstalten. Wenn man in einer Prüfanstalt ein Probestück prüft, gilt das Ergebnis nicht nur für das eine Stück. Es muss für alle Stücke aus diesem Werkstoff gelten. Der Grund dafür ist, dass Werkstoffe **genormt** sind.
Alle Werkstoffe haben eine technische Bezeichnung. Darum müssen sie sich auch immer genau aus den Stoffen zusammensetzen, die in der Norm vorgegeben sind. Sie müssen auch die Eigenschaften haben, die in der **Norm** vorgegeben sind.

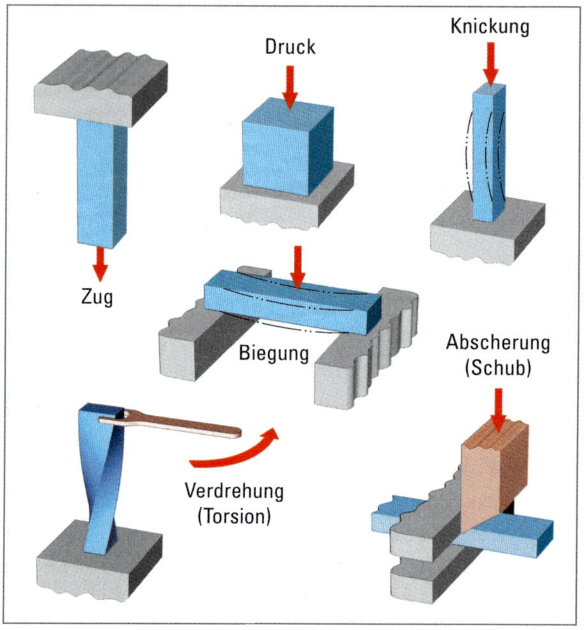


**1:** Beanspruchungsarten

Im Tabellenbuch finden Sie viele Normen für die Zusammensetzung und die Eigenschaften von verschiedenen Materialien.

## 2.1 Mechanische Eigenschaften

Mechanische Eigenschaften sind wichtig bei der Verarbeitung von Materialien. Aber sie sind genauso wichtig für das fertige Werkstück. Mechanische Eigenschaften sind zum Beispiel

- Härte
- Festigkeit
- Zähigkeit und Sprödigkeit
- Elastizität und Plastizität

### 2.1.1 Hart oder weich?

Werkstoffe sind unterschiedlich hart. Das lässt sich zum Beispiel mit einem harten Prüfkörper testen, den ein Prüfgerät mit einer festgelegten Kraft in einen Werkstoff drückt. Der harte Gegenstand hinterlässt einen Eindruck. Bei weichen Werkstoffen ist der Eindruck tief. Bei harten Werkstoffen ist er nicht so tief. Der Prüfkörper muss natürlich härter sein als der Werkstoff.

**Merke** **Härte** ist die Fähigkeit von einem Werkstoff zum Widerstand gegen das Eindringen von einem anderen Körper.

Häufig testet man die Härte von Werkstoffen mit einem Prüfkörper aus Diamant. Diamant ist der härteste natürliche Stoff.

### 2.1.2 Fest oder brüchig?

Fertige Werkstücke werden häufig auf verschiedene Weisen beansprucht. Zum Beispiel wenn Maschinen arbeiten, wenn Treppen und Brücken Menschen und Fahrzeuge tragen oder wenn der Wind an einer Konstruktion rüttelt. Das Teil muss diese Beanspruchungen aushalten, ohne seine Form zu ändern oder sogar zu zerbrechen.

**Merke** **Festigkeit** ist die Fähigkeit von einem Werkstoff, eine Belastung ohne Verformung oder Bruch auszuhalten.

Bild 1, Seite 8 zeigt Beispiele dafür, welche Beanspruchungen auf ein Werkstück einwirken können. Manchmal wirken auch mehrere Beanspruchungen gleichzeitig. Es gibt unterschiedliche Arten von Festigkeit. Hier lernen Sie etwas über die drei Arten, die in diesem Buch wichtig sind:

Die **Zugfestigkeit** beschreibt die Zugspannung, die ein Werkstoff aushält, ohne sich zu verformen, zu reißen oder zu brechen. Zum Beispiel eine schwere Last an einem Kran.

Die **Druckfestigkeit** beschreibt den Druck, den ein Werkstoff aushält, ohne sich zu verformen oder zu brechen. Zum Beispiel ein Fundament, das das schwere Gewicht von einem Gebäude trägt.

Die **Scherfestigkeit** beschreibt, in welchem Umfang ein Werkstoff Scherkräfte aushält, ohne zu zerbrechen. Das heißt: **Abscheren** (Bild 1). Zum Beispiel ein Gelenk an einer Maschine, das sich mit einer schweren Last um einen Bolzen dreht. Auch bei einer Stanze wirken Scherkräfte. Aber dabei ist es Absicht, dass die Maschine die Scherfestigkeit vom Werkstoff überwindet.

### 2.1.3 Plastisch oder elastisch?

Diese Begriffe beschreiben, wie sich ein Werkstoff beim Verformen verhält. Eine Feder ist das beste Beispiel für ein Teil, das sich elastisch verhält. Wenn Sie eine Spiralfeder ein Stück auseinanderziehen, geht sie danach in ihre ursprüngliche Form zurück.

**Merke** Stoffe sind **elastisch**, wenn sie nach einer Belastung wieder ihre ursprüngliche Form annehmen.

Wenn Sie die Feder aber zu stark auseinanderziehen, kann sie nicht wieder in ihre ursprüngliche Form zurück. Das liegt an der sogenannten **Elastizitätsgrenze**. Jeder Werkstoff hat seine eigene Elastizitätsgrenze.

Stellen Sie es sich so vor: Sie biegen ein Werkstück leicht, lassen es wieder los und es geht in seine ursprüngliche Form zurück. Dann ist die Beanspruchung so klein, dass sie unter der Elastizitätsgrenze ist. Der Werkstoff verhält sich **elastisch**. Wenn

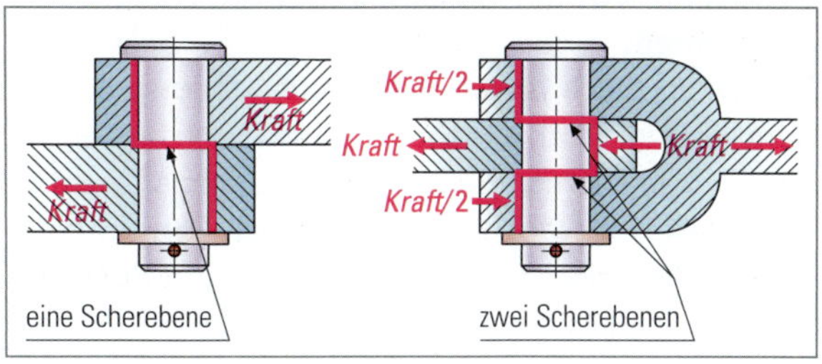


**1:** Bolzenverbindungen, auf Abscherung beansprucht

Sie das Werkstück stärker biegen, geht es nicht wieder in seine ursprüngliche Form zurück. Dann ist die Beanspruchung so groß, dass sie über der Elastizitätsgrenze ist. Das Werkstück ist dann **plastisch** verformt.

> **Merke**
> Stoffe verhalten sich **plastisch**, wenn sie unter Krafteinwirkung eine andere Form annehmen und behalten können.

Ein plastisch verformtes Werkstück kann man nur sehr schwer wieder in seine ursprüngliche Form bringen.

### 2.1.4 Zäh oder spröde?

Manche Werkstoffe lassen sich sehr einfach plastisch verformen. Andere Werkstoffe reißen oder brechen sofort, wenn man sie zu verformen versucht.
Wenn sich ein Stoff plastisch verformen lässt, heißt das: **zäh**. Wenn sich ein Stoff kaum oder sogar gar nicht plastisch verformen lässt, heißt das: **spröde**.

> **Merke**
> **Zähigkeit** ist die Fähigkeit von einem Werkstoff zum Widerstand gegen das Zerbrechen oder gegen das Entstehen und Ausbreiten von Rissen.

## 2.2 Physikalische Eigenschaften

Jeder Stoff hat seine eigenen physikalischen Eigenschaften. Beispiele für physikalische Eigenschaften sind:

- Dichte
- Gefrierpunkt und Siedepunkt
- elektrische Leitfähigkeit
- Wärmeleitfähigkeit
- Wärmeausdehnung

Im Tabellenbuch finden Sie für viele Stoffe verschiedene Werte. Solche Werte heißen: **Stoffkonstanten**.
Für dieses Buch ist die **Wärmeausdehnung** besonders wichtig. Denn alle Stoffe dehnen sich aus, wenn man sie erwärmt. Sie ziehen sich wieder zusammen, wenn sie abkühlen. Das heißt: **Schrumpfen**. Das passiert bei festen, gasförmigen und flüssigen Stoffen. Sie können es ganz einfach ausprobieren: Füllen Sie eine Glasflasche randvoll mit kochendem Wasser. Wenn das Wasser wieder kalt ist, ist der Wasserstand um mehrere Millimeter niedriger.
Stoffe dehnen sich bei Wärmeeinwirkung unterschiedlich stark aus. Auch beim Abkühlen schrumpfen sie natürlich unterschiedlich stark. So etwas können Sie im Sommer beobachten. Zum Beispiel an einer Blechtür: Im Winter können Sie die Tür ohne Probleme öffnen und schließen. Wenn im Sommer die Sonne das Metall erwärmt, dehnt es sich aus. Die Tür klemmt.

> **Merke**
> Die **Wärmeausdehnung** beschreibt das Verhalten von Stoffen, sich beim Erwärmen auszudehnen und beim Abkühlen zusammenzuziehen.

Die Wärmeausdehnung ist ein normaler physikalischer Vorgang. Aber sie ist nicht immer erwünscht. Zum Beispiel beim **Schweißen** (siehe Kapitel 4). Es gibt aber auch Verfahren, bei denen man die Wärmeausdehnung zum Fügen nutzt. Zum Beispiel beim **Schrumpfen** (siehe Kapitel 11).

## 2.3 Chemische Eigenschaften

Neben den physikalischen Eigenschaften hat jeder Stoff auch noch chemische Eigenschaften. Diese Eigenschaften haben zum Beispiel damit zu tun, wie ein Stoff mit einem anderen Stoff reagiert. Wenn Stoffe giftig oder umweltschädlich sind, sind das auch chemische Eigenschaften.

**Korrosion**
Bei einer Korrosion reagiert ein Werkstoff mit seiner Umgebung und verändert dabei seine Eigenschaften.

> **Merke**
> **Korrosion** ist die Reaktion von einem Metall mit seiner Umgebung.

Im Metallbau ist vor allem die Reaktion von Metallen mit Sauerstoff wichtig. Bei der Anwesenheit von Sauerstoff und Feuchtigkeit entsteht in der Regel Rost. Salze und andere Schadstoffe fördern die Entstehung von Rost. Korrosion ist bei Metallen nie erwünscht, denn sie kann Metalle beschädigen oder sogar zerstören. Darum muss man im Metallbau auch immer die Werkstücke vor Korrosion schützen.

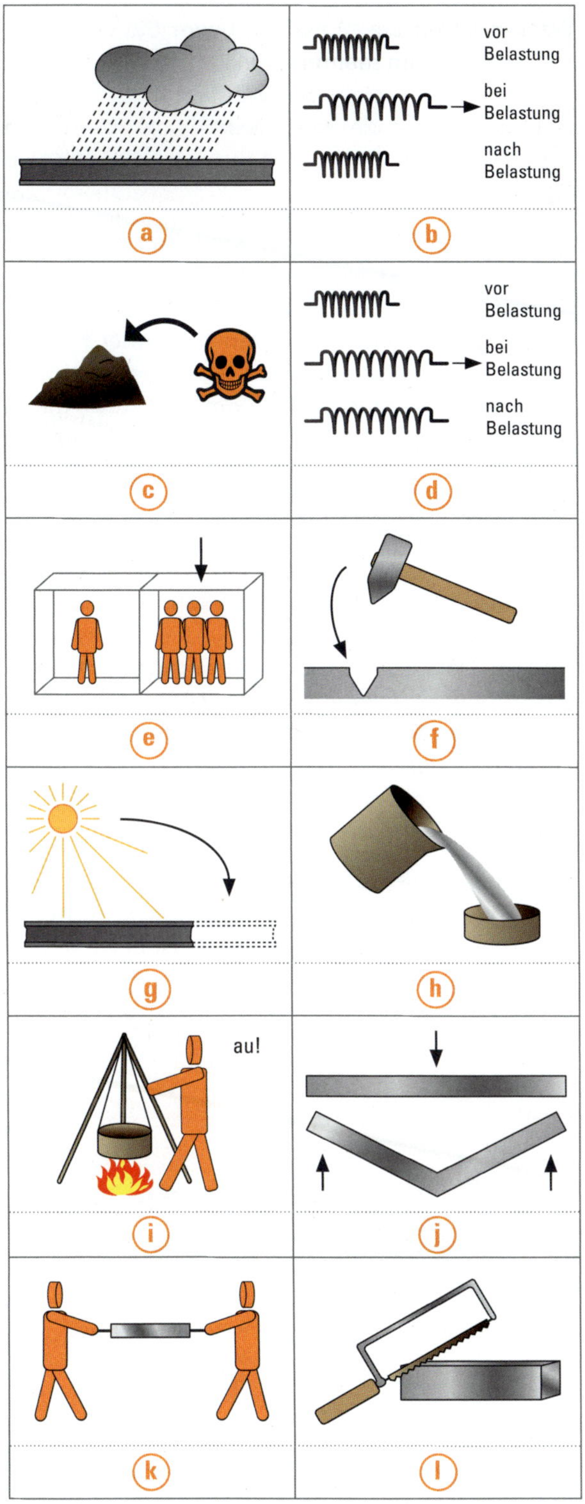


**1:** Typische Werkstoffeigenschaften

Metalle korrodieren unterschiedlich schnell. Edelmetalle wie Gold oder Platin korrodieren fast gar nicht. Unedle Metalle korrodieren sehr schnell. Zink ist viel unedler als Eisen. Um Eisen vor Korrosion zu schützen, verzinkt man Werkstücke aus Eisen. Zink bildet so eine Schutzschicht.

**Kontaktkorrosion**

Bei der „normalen" Korrosion reagiert ein Metall mit Sauerstoff aus der Luft oder mit Feuchtigkeit der Umgebung.

Außerdem gibt es auch noch die Kontaktkorrosion. Dazu kommt es bei dem Kontakt von zwei oder mehr unterschiedlichen Metallen. Der Kontakt kann auch durch Wasser geschehen, in das zwei Metallteile eintauchen. Zum Beispiel bei Wasserleitungen.

**Merke**

**Kontaktkorrosion** ist die Reaktion von zwei unterschiedlichen Metallen, die sich berühren. Dabei korrodiert immer das unedlere Material.

Um eine Kontaktkorrosion zu vermeiden, sollten die Verbindungsmittel immer aus dem gleichen Material sein wie die Bauteile. Oder zumindest aus einem ganz ähnlichen Material.

## 2.4 Fertigungstechnische Eigenschaften

Für den Metallbau und die Metallindustrie sind natürlich auch die Eigenschaften wichtig, die mit der Verarbeitung von den verschiedenen Werkstoffen zu tun haben. Diese Eigenschaften beschreiben zum Beispiel, ob man einen Werkstoff zerspanen kann. Oder ob man ihn gießen, umformen, schweißen und löten oder härten kann.

Einige Werkstoffe besitzen viele fertigungstechnische Eigenschaften. Das heißt: Man kann sie auf viele Arten bearbeiten und verarbeiten. Zum Beispiel Stahl. Stahl lässt sich leicht warm und kalt umformen, zerspanen, schweißen und löten. Einige Stahlarten kann man härten oder gießen. Andere Werkstoffe haben wenige fertigungstechnische Eigenschaften. Zum Beispiel Wolfram. Wolfram ist ein Metall. Eigentlich lassen sich alle Metalle gießen. Aber Wolfram schmilzt erst bei mehr als 3000 °C. Um Wolfram zu gießen, braucht man extrem viel Energie. Wolfram ist sehr hart. Darum kann man es nicht gut zerspanen. Außerdem kann man Wolfram nur mit ganz speziellen Verfahren schweißen.

## Übungen

1. Überlegen Sie: Warum und in welchen Fällen ist es wichtig, die Eigenschaften von einem Material zu kennen?
2. Ordnen Sie jedem Bild auf Seite 11 die passende Werkstoffeigenschaft zu: 1. Dichte, 2. Wärmeausdehnung, 3. Umformbarkeit, 4. Korrosionsbeständigkeit, 5. Zugfestigkeit, 6. Zerspanbarkeit, 7. Wärmeleitfähigkeit, 8. Härte, 9. Plastizität, 10. Giftigkeit, 11. Gießbarkeit, 12. Zerspanbarkeit, 13. Elastizität
3. Welche von den Eigenschaften aus Aufgabe 2 gehören zu welcher Art von Eigenschaften? Welche sind
   - mechanische Eigenschaften?
   - physikalische Eigenschaften?
   - chemische Eigenschaften?
   - fertigungstechnische Eigenschaften?

# 3 Richten

Das **Richten** ist kein Verfahren, mit dem man Teile miteinander verbindet. Trotzdem hat das Thema hier seinen Platz. Denn manchmal ist das Material verzogen, verbogen, verdreht, verbeult oder geknickt. Das kann bei der Herstellung, bei Transport und Lagerung oder bei der Verarbeitung passieren. Dann müssen Sie es richten, bevor Sie weiter damit arbeiten können.

**Merke**

Richten Sie die Teile, bevor Sie sie zusammenbauen. Damit ersparen Sie sich später viel Arbeit.

Es gibt das Richten durch Krafteinwirkung, entweder von Hand oder mit Maschinen. Das heißt: **Kaltrichten**. Und es gibt das Richten durch Wärmeeinwirkung. Das heißt: **Warmrichten** oder **Flammrichten**. Einfach ausgedrückt ist es beim Richten so: Sie **stauchen** die Stellen vom Werkstück, die zu lang sind. Und Sie **strecken** die Stellen, die zu kurz sind. Sie können nur Werkstücke richten, die aus verformbarem Werkstoff bestehen. Spröde Werkstoffe würden sofort zerbrechen.
Manchmal müssen Sie auch ein Werkstück richten, an dem Sie gerade arbeiten. Es kann nämlich passieren, dass sich ein Werkstück durch das Schweißen verzieht. Oder es fällt runter und verformt sich dabei. Das Richten ist notwendig, um das Material in einen ordentlichen Zustand zu bringen. Außerdem lernen Sie damit viel über das Verhalten von Metallen. Denn beim Richten bekommen Sie ein gutes Gefühl dafür, wie Sie mit den Materialien umgehen:

- Mit wie viel Kraft muss man arbeiten?
- Wo muss man drücken, in welche Richtung muss man drehen, um etwas zu bewirken?
- Wie verhalten sich Bleche oder Profilstähle, wenn man sie erwärmt?

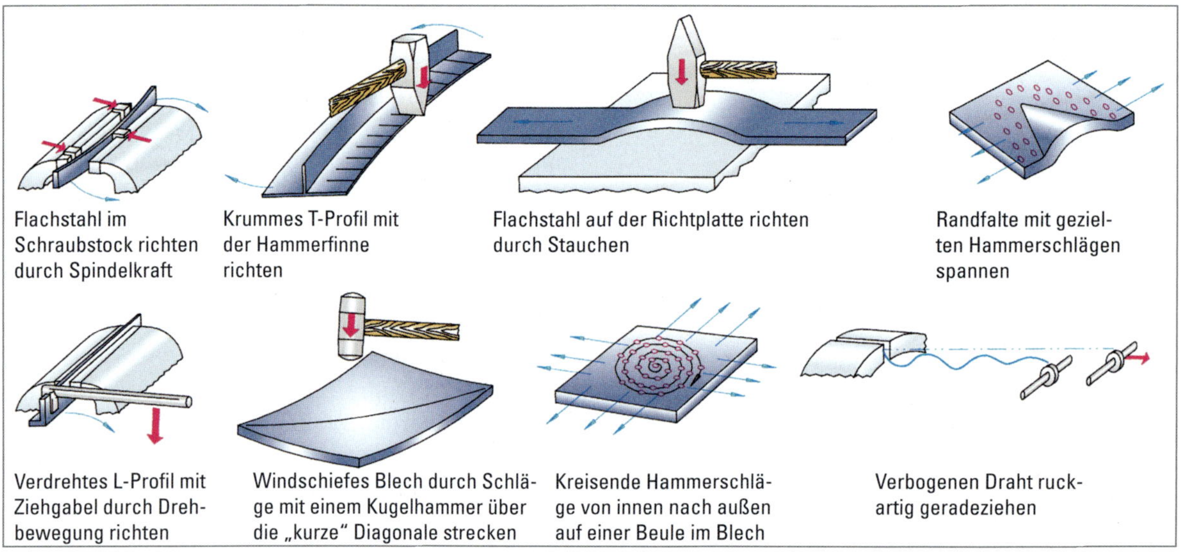

Flachstahl im Schraubstock richten durch Spindelkraft

Krummes T-Profil mit der Hammerfinne richten

Flachstahl auf der Richtplatte richten durch Stauchen

Randfalte mit gezielten Hammerschlägen spannen

Verdrehtes L-Profil mit Ziehgabel durch Drehbewegung richten

Windschiefes Blech durch Schläge mit einem Kugelhammer über die „kurze" Diagonale strecken

Kreisende Hammerschläge von innen nach außen auf einer Beule im Blech

Verbogenen Draht ruckartig geradeziehen

**1:** Arbeitsbeispiele zum Kaltrichten

Sehen Sie es nicht als Strafarbeit an, wenn Sie bündelweise Rundeisen richten müssen. Es ist eine gute Übung.

## 3.1 Kaltrichten

Oft kommen Profilstähle verbogen, verdreht oder sogar geknickt in der Werkstatt an. Solche Verformungen lassen sich meistens einfach von Hand richten (Bild 1, Seite 12).

Es gibt auch viele verschiedene Maschinen zum Richten. Solche Maschinen arbeiten zum Beispiel mit Rollen, Walzen oder Pressvorrichtungen. Es gibt so viele verschiedene Maschinen, die alle unterschiedlich arbeiten. Darum finden Sie hier keine Beschreibungen davon, sondern nur Erklärungen für das Richten von Hand.

**Richten auf Richtplatte oder Amboss**
Für das Richten auf einer Richtplatte oder einem Amboss brauchen Sie zusätzlich einen Hammer.
Nehmen Sie einen ausreichend schweren Hammer, damit Sie mit den Schlägen auch etwas bewirken. Aber nehmen Sie keinen Hammer, der zu schwer ist. Wenn er zu schwer ist, können Sie damit nicht gut und sicher arbeiten. Außerdem soll der Hammer zum Werkstück passen. Ein schmales L-Profil aus Aluminium richtet man nicht mit einem schweren Hammer, der einen Hammerkopf aus Eisen hat. Stattdessen nimmt man dafür einen leichten **Schonhammer** mit einem Kopf aus Gummi, Kunststoff oder Teflon (Bild 1).
Wie geht das mit dem Richten nun aber genau? Für das Richten brauchen Sie geeignetes Werkzeug, wie Sie jetzt schon erfahren haben. Außerdem brauchen Sie einen scharfen Blick und etwas Geduld. Geschick und Routine lernen Sie im Laufe der Zeit.

**1:** Schonhämmer mit Kopf aus Gummi

## Exkurs: Die gewölbte Bahn vom Amboss

Auf einem Amboss lassen sich krumme Teile besonders gut richten. Denn die Bahn vom Amboss ist ganz leicht nach innen gewölbt (Bild 2). Das ist beim Richten sehr nützlich, weil Metall elastisch ist. Das heißt: Wenn Sie es mit wenig Kraft umformen, federt es ein bisschen zurück. Es hat dann wieder genau die gleiche Form wie vorher. Wenn Sie es dauerhaft umformen wollen, müssen Sie mit etwas mehr Kraft arbeiten. Sie müssen es also über den elastischen Punkt hinaus umformen. So ein dauerhaftes Umformen heißt: plastisch. Das Richten von einem Stück Flachstahl oder Rundstahl ist auch eine Art Umformen.
Wenn Sie ein krummes Stück Material auf dem Amboss richten, drücken Sie es mit dem Hammerschlag in diese leichte Wölbung hinein. Dadurch verformen Sie das Material ein wenig über den geraden Zustand hinaus. Weil es aber ein bisschen zurückfedert, können Sie es so in einen geraden Zustand bringen.

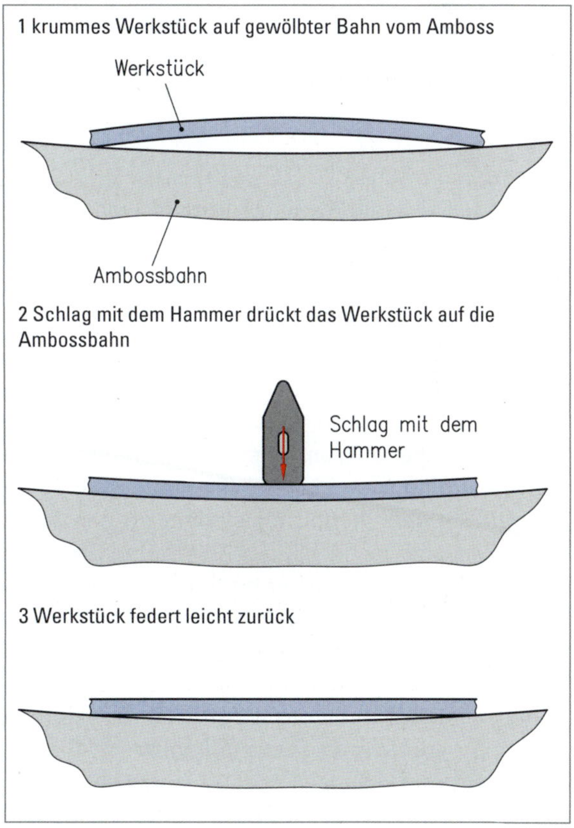


**2:** Richten auf dem Amboss

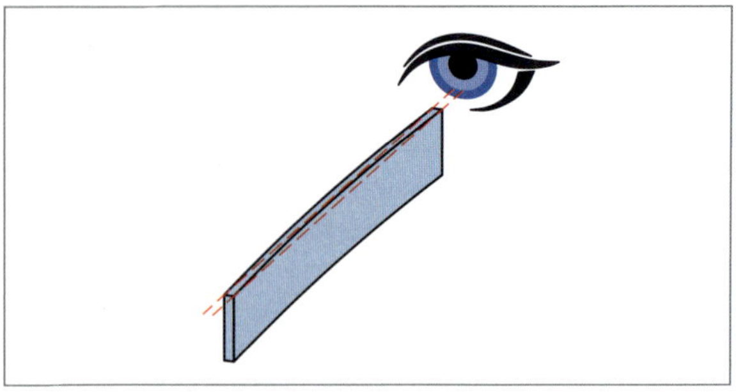

**1:** Fluchten über die Kante

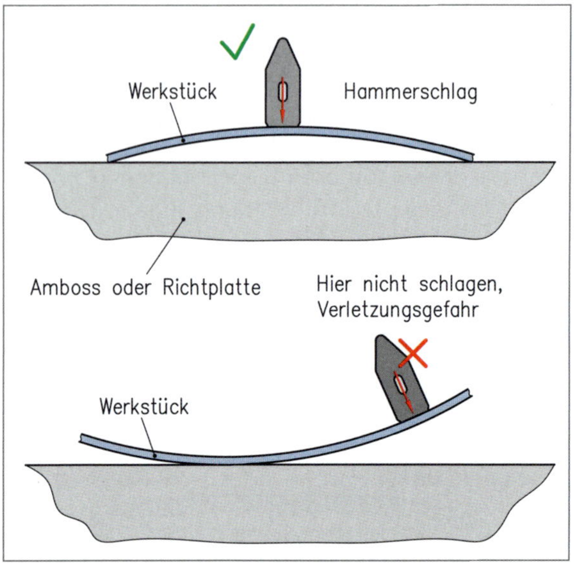


**2:** Richtige Lage vom Werkstück beim Richten

Sie sollen zum Beispiel ein Geländer mit geraden Füllstäben aus Vierkantstahl anfertigen. Sie haben die Füllstäbe auf die passende Länge abgesägt oder mit der Hebelschere abgelängt. Nehmen Sie jeden Stab in die Hand und kontrollieren ihn. Selten können Sie schon von der Seite sehen, dass ein Stück Material krumm ist. Darum nehmen Sie das Teil und fluchten Sie über die Kante (Bild 1). So können Sie ganz genau feststellen, ob das Stück gerade ist oder nicht. Mit der Zeit lernen Sie dann zu sehen, wo genau die verbogene Stelle ist.

Wenn das Werkstück zu lang ist, biegt es sich schon von Natur aus. Dann können Sie es zum Beispiel auf dem Amboss auflegen. Halten Sie es außerdem „hochkant", wenn das möglich ist. Das kennen Sie schon von langen Flachstählen: Wenn Sie ein langes Stück Flachstahl liegend hochheben, biegen sich die Enden durch die Schwerkraft zum Boden hin. So kann man natürlich keine Verformung feststellen. Wenn Sie es aber hochkant nehmen, dann biegt es sich nur minimal zum Boden hin.

Um eine solche verbogene Stelle geht es nun: Legen Sie das Werkstück so auf den Amboss oder die Richtplatte, dass der Knick genau mittig liegt. Außerdem muss er nach **oben** zeigen (Bild 2). Legen Sie es also nicht mit dem Knick nach unten. Der Versuch wäre zwecklos, das hochstehende Stück in dieser Lage nach unten zu schlagen. Selbst wenn das Material nur wenig verbogen ist. Wenn das Material stärker geknickt ist, können Sie sich dabei sogar verletzen.

Wenn ein Teil auf der ganzen Länge leicht gebogen ist, gibt es einen Trick: Sie schieben es langsam auf dem Amboss vor und zurück, während sie es mit leichten, regelmäßigen Schlägen bearbeiten.

## Werkstatthinweise

- Richten Sie nicht auf einer Anreißplatte! Sie ist sehr genau und glatt. Beim Richten könnten Dellen in ihrer Oberfläche entstehen. Das darf aber nicht passieren, weil man sonst nicht mehr genau anreißen kann.
- Rohre lassen sich mit Hammer und Amboss kaum richten. Sie schlagen eher Dellen hinein. Rohre richten Sie besser mit Wärme.

### Richten im Schraubstock

Verdrehte oder krumme Teile lassen sich häufig im **Schraubstock** ziemlich einfach richten.

Wenn ein Stück Profilstahl einen Knick hat, halten Sie die beschädigte Stelle zwischen die Backen vom Schraubstock. Dann drehen Sie die Backen zusammen. Damit haben Sie genug Kraft, um sogar stärkere Knicke ganz einfach zu reparieren. Danach sollten Sie das Teil auch noch von Hand richten, das ist die feine Nacharbeit.

Ein verdrehtes Teil spannen Sie auch in den Schraubstock ein. Dann richten Sie es mit einer **Ziehgabel** (Bild 1, Seite 15).

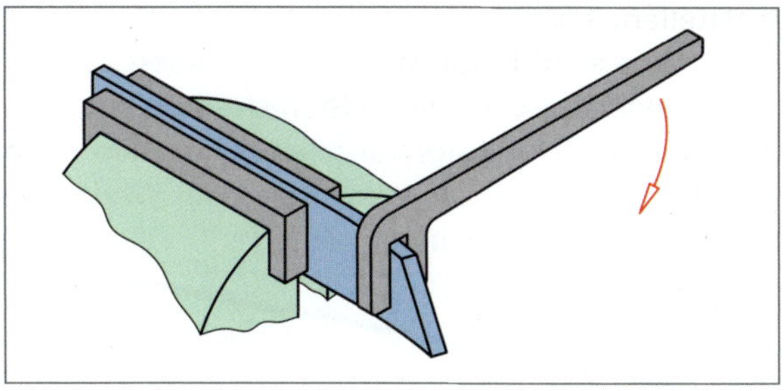

1: Richten von einem verdrehten Flachstahl im Schraubstock

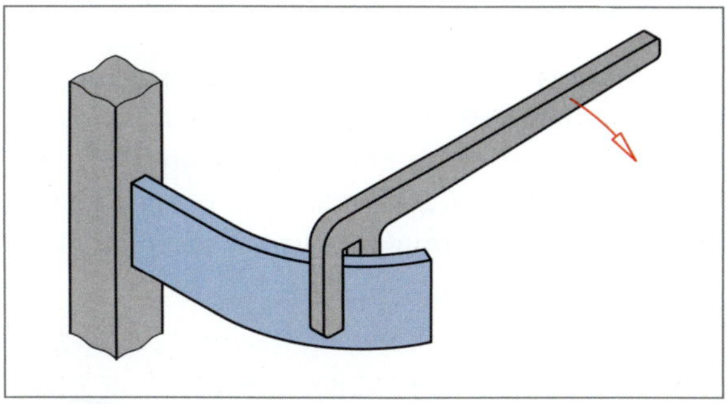

2: Krumme Teile mit der Ziehgabel richten

Bewegen Sie die Ziehgabel vorsichtig mit einer Drehbewegung. Manchmal ist es auch gut, das Teil Stückchen für Stückchen zu richten: Sie spannen das Teil ein und drehen ein wenig. Dann spannen sie das Teil ein paar Zentimeter weiter ein und wiederholen das Ganze. Statt der Ziehgabel können Sie auch einen verstellbaren Schraubenschlüssel verwenden. Es gibt verschiedene verstellbare Schraubenschlüssel. Solche Werkzeuge heißen manchmal auch **Engländer** oder **Franzose**.
Bei empfindlichem Material benutzen Sie besser zusätzlich Schonbacken aus Aluminium oder Kunststoff. Dafür können Sie auch die „Finger" von der Ziehgabel mit Klebeband oder Gummi umwickeln.
Eine solche Ziehgabel können Sie sich auch ganz einfach selbst herstellen. Rund- oder Vierkantstahl eignet sich dafür gut. Sie können Ihr Werkzeug dann genau so anfertigen, wie Sie es gerade brauchen.
Mit einer Ziehgabel können Sie auch verbogene Teile an einem fertigen Bauteil richten. Stellen Sie sich zum Beispiel vor, dass Sie ein Geländer angefertigt haben, das verzinkt wird. Nach dem Verzinken sind die Laschen krumm, mit denen Sie das Geländer später festschrauben wollen, oder auch die Füllstäbe. Das ganze Bauteil ist natürlich zu groß, um es auf dem Amboss oder im Schraubstock zu richten. Solche Beschädigungen können Sie dann mit der Ziehgabel reparieren (Bild 2). Bei verzinkten Teilen müssen Sie besonders vorsichtig arbeiten. Die Zinkschicht ist sehr dünn und zerkratzt leicht. Außerdem ist Zink ziemlich spröde und lässt sich sehr schlecht umformen. Wenn ein verzinktes Teil stark verbogen ist, kann es beim Richten passieren, dass die Zinkschicht abblättert. Leider können Sie verzinkte Teile nicht so leicht mit Wärme richten (siehe Kapitel 2.2), weil die Zinkschicht verbrennt, wenn man sie mit einem Brenner zu stark erhitzt. In einem solchen Fall müssen Sie also sehr vorsichtig arbeiten.

## Werkstatthinweise

- Wenn Sie ein Stück Profilstahl im Schraubstock richten wollen, können Sie zusätzliche Beilagen benutzen. So können Sie die Kraft genau in die „Knickstelle" bringen.
- Halten Sie das Werkstück beim Richten nur locker fest. Es kann nämlich passieren, dass das Werkstück beim Richten hüpft oder federt. Das kann schmerzhafte Schläge ins Handgelenk geben. Sie müssen es aber natürlich fest genug halten, dass es nicht runterfallen kann.

## Übungen

Nehmen Sie sich ein paar deutlich krumme Stücke Profilstahl von einem oder einem halben Meter Länge. Nehmen Sie unterschiedliche Profile, zum Beispiel Flachstahl, Rundstahl, T-Profil und L-Profil. Es können auch Abfallstücke sein. Versuchen Sie, sie auf folgende Arten zu richten:

- auf dem Amboss oder auf der Richtplatte
- im Schraubstock mit der Kraft von den Spannbacken
- im Schraubstock mit einer Ziehgabel

1. Welche Technik finden Sie am einfachsten? Welche am schwierigsten? Woran liegt das?
2. Mit welcher Technik bekommen Sie das beste Gefühl für das Material? Begründen Sie das.
3. Welche Profile lassen sich ganz einfach richten, welche nicht? Überlegen Sie, woran das liegt.

## 3.2 Richten mit Wärme

Viele Materialien, auch Metalle, sind auf ihre Art wärmeempfindlich. Sie reagieren ziemlich stark auf Erwärmung: Beim Erwärmen dehnen sie sich aus. Beim Abkühlen ziehen sie sich wieder zusammen. Das ist ein normaler physikalischer Vorgang.

> **Merke**
> Metall dehnt sich beim Erwärmen aus und zieht sich beim Abkühlen zusammen.

Diese Eigenschaft können Sie nutzen, um Material oder ganze Werkstücke zu richten. Dafür erwärmen Sie mit einem Brenner gezielt bestimmte Punkte am Werkstück, bis sie dunkelrot glühen. Diese Technik heißt: **Flammrichten**. Dabei gibt es verschiedene Formen, wie Sie das Werkstück erwärmen. Diese Formen heißen: **Wärmefiguren**. Es gibt verschiedene Wärmefiguren, je nachdem, wie das Werkstück oder seine Beschädigung aussieht (Bild 1 und 2).
Es erfordert einiges an Übung und Geschick, um mit Wärme zu richten. Außerdem eignet sich diese Methode hauptsächlich für Eisen, Stahl und Edelstahl. Man kann sie auch bei Aluminium anwenden, aber dafür braucht man viel Erfahrung. Aluminium wird zwar warm, aber es glüht nicht. Außerdem schmilzt oder verbrennt es bei relativ niedrigen Temperaturen.

**Grundsätzlich gilt für das Flammrichten:**

- Sie erwärmen immer die Stelle oder die Seite, wo sich das Material zusammenziehen muss. Sozusagen die „zu lange" Seite oder Kante.
- Sie müssen die Wärme rasch und örtlich begrenzt einbringen. Die Temperaturen liegen bei Stahl ungefähr zwischen 600 und 700 °C und bei Aluminium ungefähr zwischen 400 und 450 °C.
- Wenn Sie das Werkstück schnell anwärmen, geht die Wärme nur wenig in die Tiefe, aber die Schrumpfkräfte an der Oberfläche sind groß. Wenn Sie das Werkstück langsam anwärmen, geht die Wärme weiter in die Tiefe, aber die Schrumpfkräfte sind kleiner.
- Wählen Sie einen möglichst großen Brennereinsatz. Stellen Sie die Flamme neutral ein oder mit etwas Sauerstoffüberschuss.

**Richten nach Schweißverzug**

Manchmal verzieht sich ein Werkstück beim Schweißen. Das passiert, weil sich Metall durch Wärmeeinwirkung beim Schweißen ausdehnt. Wenn es abkühlt, zieht es sich wieder zusammen. Leider passiert das aber nicht an allen Stellen schön gleichmäßig. Vor allem kann man nicht immer voraussehen, wie stark sich das Werkstück beim Schweißen verzieht.

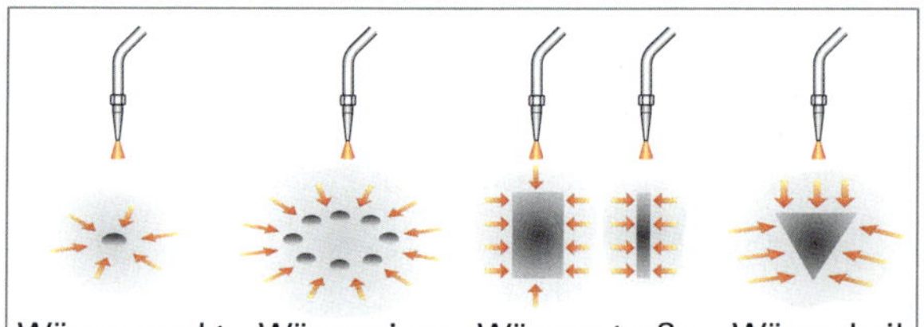


**1:** Verschiedene Wärmefiguren

| Art der Erwärmung | Anwendungsbeispiele |
|---|---|
| Wärmepunkte  | Beseitigen von Beulen in Blech 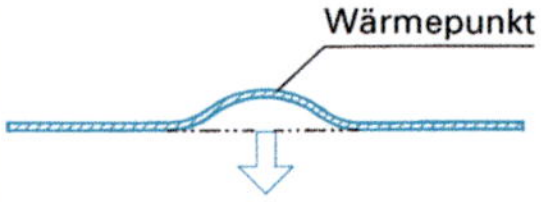  |
| Wärmering Wärmeoval  | Richten von Rohren<br>Gegenwärmen von Rohrstutzen 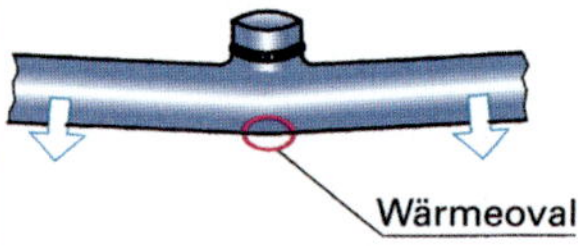  |
| Wärmestraße<br>Wärmestrich  | Richten von Schweißnähten<br>Beheben von Winkelverzug 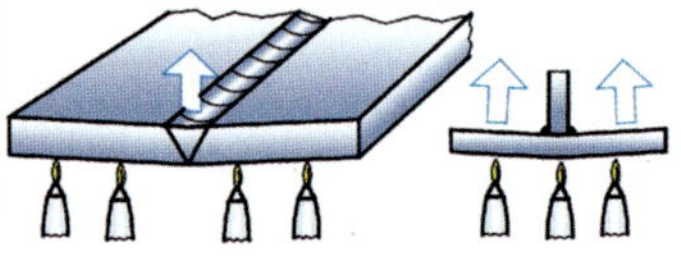  |
| Wärmekeil  | Richten von Profilen<br>Beseitigen von starken Verbiegungen 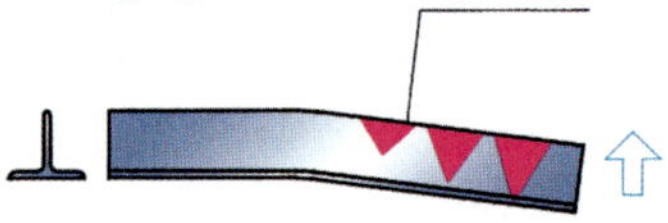  |
| Wärmekeil<br>+ Wärmestraße  | Richten von Kastenquerschnitten 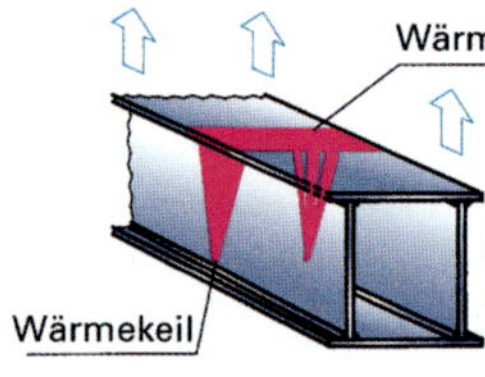  |

**2:** Wärmefiguren beim Flammrichten

Ein solcher **Schweißverzug** kommt zum Beispiel bei Rohren vor, aus denen ein Geländer gebaut ist. Besonders dann, wenn die Rohre wie ein T zusammengeschweißt sind. Dann können die Rohre einen leichten Knick bekommen. Einen solchen Verzug kann man mit der Brennerflamme richten.

## Exkurs: Arbeiten mit dem Brenner

Ein Brenner arbeitet mit zwei Gasen. Die Gase sind: reiner **Sauerstoff** und Brenngas. Das Brenngas ist meistens **Acetylen**. Die Gase sind in Gasflaschen aus Stahl. Die Gasflaschen haben für jedes Gas eine besondere Farbe.

**Merke**

Acetylen = kastanienbraune Flasche mit rotem Schlauch
Sauerstoff = blaue Flasche mit blauem Schlauch

Die Gasflaschen stehen unter sehr hohem Druck. Die Acetylenflasche hat 19 bar Druck. Die Sauerstoffflasche hat 200 bis 300 bar Druck. Darum müssen sie sicher stehen und festgebunden sein. Sie dürfen auf keinen Fall umfallen.
Sie zünden einen Brenner mit einem Gasanzünder an. Dann ist die Hand weit genug von der Flamme entfernt.
Die Reihenfolge für das Anzünden ist so:
1. Am Handstück das Ventil für den Sauerstoff öffnen.
2. Am Handstück das Ventil für das Brenngas öffnen.
3. Das Gasgemisch anzünden.
4. Die Flamme einstellen.

Zum Abstellen müssen Sie zuerst das Brenngas ausdrehen und dann den Sauerstoff ausdrehen.
Das Einstellen von der Flamme ist schwierig. Sie müssen es oft üben. Im Themenheft „Fertigungstechnik – Grundkenntnisse in einfacher Sprache" (HT 3080) finden Sie ausführliche Informationen zu den Themen Brenner und Gase. Dort werden die Teile von einem Brenner erklärt. Und es gibt Hinweise zum sicheren Umgang.

Zum Richten von solchen Schweißverzügen machen Sie mit dem Brenner ein Wärmeoval gegenüber dem angeschweißten Rohr (Bild 1, Seite 18). Beim Abkühlen schrumpft die verzogene Stelle und das Rohr wird wieder gerade. Eventuell müssen Sie den Vorgang wiederholen. Sie sollen dann nicht noch zusätzlich mit mechanischer Kraft arbeiten. Durch Schläge mit einem Hammer würden Sie das Rohr verbeulen.

### Richten von Profilen und Blechen

Manche verbeulte Bleche oder verzogene Profile sind zu groß oder zu schwer, um sie auf dem Amboss oder auf der Richtplatte zu richten. Solche Schäden lassen sich manchmal auch mit der Brennerflamme reparieren. Das funktioniert ähnlich wie das Richten von Teilen, die vom Schweißen verzogen sind.

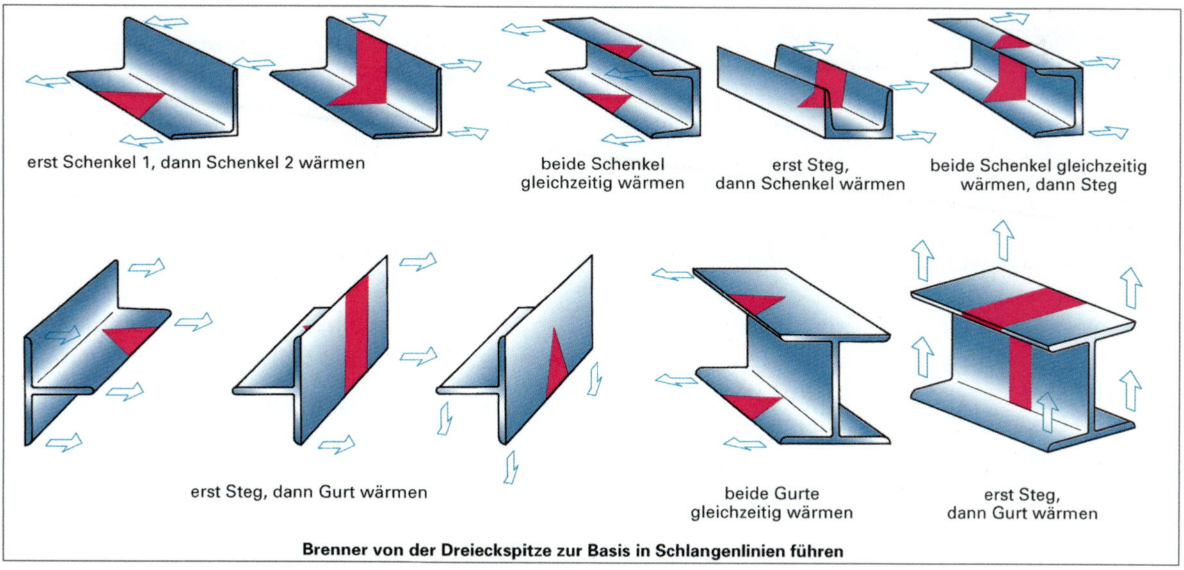


**1:** Gezieltes Wärmen zum Richten

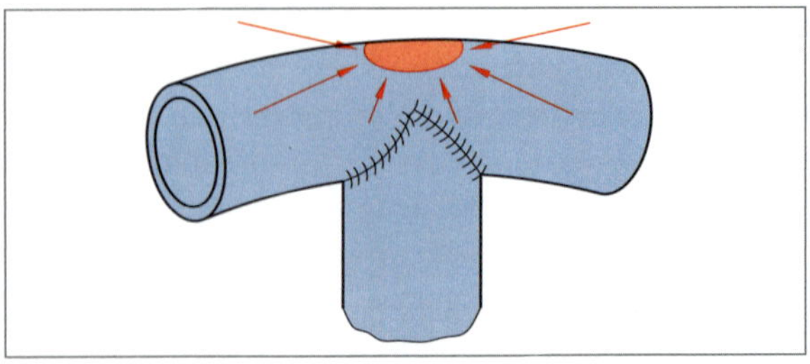

1: Wärmeoval auf einer verzogenen Schweißstelle: Das Material schrumpft unterschiedlich stark

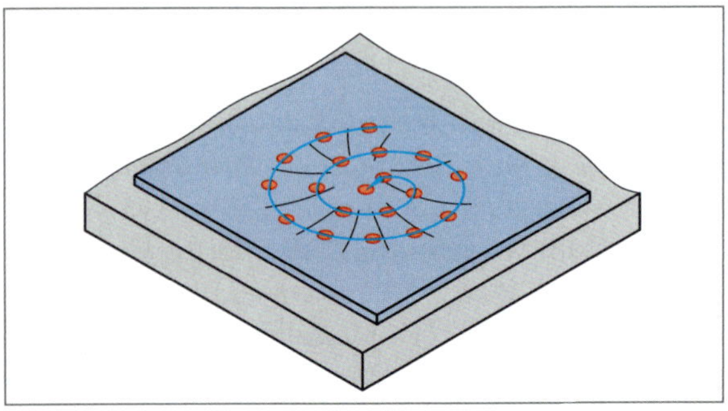

2: Wärmepunkte zum Ausbeulen von Blech

Mit dem Brenner wärmen Sie gezielt Punkte, Linien oder Keile. Das machen Sie immer an der Stelle oder an der Seite, wo sich das Material zusammenziehen soll (Bild 1, Seite 17).

Bei einer Beule im Blech erwärmen Sie also die Beule von ihrer Außenseite her. Sie setzen kleine Wärmepunkte, die sich von außen nach innen spiralförmig auf den höchsten Punkt von der Beule bewegen (Bild 2).

### Werkstatthinweise

- Sie dürfen erst ab 18 Jahren mit einem Brenner allein arbeiten. Als Lehrling im Metallbau unter 18 dürfen Sie nur unter Aufsicht mit einem Brenner arbeiten.
- Lassen Sie sich den Umgang mit der Gasanlage und den Brennern unbedingt zeigen. Halten Sie sich beim Arbeiten an diese Erklärungen.
- Achten Sie darauf, feuerfeste Kleidung und Schuhe zu tragen.
- Halten Sie kleine Werkstücke mit der Zange fest. Wärme breitet sich in Metallen sehr schnell aus.
- Wenn Sie eine Gasflasche benutzen, drehen Sie das Ventil um eine Umdrehung auf. Das reicht. Wenn Sie die Gasflasche nicht mehr brauchen, schließen Sie das Ventil wieder.
- Wenn Sie eine Gasflasche wechseln: Transportieren Sie Gasflaschen IMMER mit aufgeschraubter Schutzkappe. Schließen Sie den Schlauch NIE mit Gewalt an der Flasche an.
- Auch wenn die Ventile mal schwer gehen oder klemmen: Gehen Sie NIE mit Öl oder Fett an eine Gasflasche.
- Lassen Sie das restliche Gas aus den Schläuchen strömen, nachdem Sie die Gasflaschen geschlossen haben. Öffnen Sie dazu kurz die Ventile am Handstück.

### Übungen

1. Nennen Sie die wichtigsten Werkzeuge, um Teile von Hand zu richten.
2. Welche Methode zum Richten ist jeweils am besten geeignet?
   - Ein langes, schweres H-Profil ist beim Abladen vom Lastwagen gefallen und ist nun leicht verbogen.
   - Eine T-förmige Verbindung aus Flachstahl hat sich beim Schweißen verzogen.
   - Sie sollen schmale Flachstähle richten, bevor Sie sie als Füllstäbe in ein Geländer einbauen.
   - Ein kurzes L-Profil ist verdreht.
3. Was müssen Sie beim Richten von Aluminium beachten?
4. Überlegen Sie: Warum soll man verzogene Schweißstellen an Rohren mit einem ovalen Wärmepunkt richten?

# 4 Schweißen

Das Schweißen ist ein sehr häufiges Verfahren zum Fügen von Teilen. Zum Schweißen eignen sich:

- Stahl, Eisen und Edelstahl
- ein paar, aber nicht alle Arten Gusseisen
- NE-Metalle wie Aluminium, Messing und Bronze
- Kunststoffe

Dieses Buch ersetzt keinen Schweißkurs. Hier können Sie etwas zu den Grundlagen lernen.

Die umfassende Theorie dazu lernen Sie in der Berufsschule kennen. Außerdem machen Sie bei der überbetrieblichen Ausbildung praktische Übungen. Manche Schweißverbindungen sind an sehr stark belasteten Stellen. Dafür brauchen Sie sehr viel Erfahrung. Außerdem müssen Sie an solchen Stellen mit Ihren Schweißkenntnissen garantieren, dass die Schweißnaht hält. Darum gibt es viele Schweißkurse, in denen Sie Schweißscheine für verschiedene Schweißtechniken und Schweißlagen machen können. Solche Schweißscheine müssen Sie sogar regelmäßig auffrischen und Ihr Können beweisen.

Hier lernen Sie das Schweißen von Metallen kennen. Beim Schweißen schmilzt das Metall. Das kann durch verschiedene Verfahren geschehen. Wenn das geschmolzene Metall wieder fest wird, verbinden sich die Teile an der Kontaktstelle.

**Merke**

Beim Schweißen können Sie Teile mit gleichem Schmelzpunkt miteinander verbinden. Der Werkstoff wird an der Fügestelle bis zum flüssigen Zustand erwärmt. Eine **starre**, **unlösbare** und **stoffschlüssige Verbindung** entsteht.

Schmiede schweißen schon seit hunderten von Jahren Metallteile im Feuer und auf dem Amboss. Sie erwärmen das Metall so weit, dass es schmilzt. Dann wird die angeschmolzene Verbindungsstelle mit Hammerschlägen aufeinandergepresst.

Die Schwierigkeit beim Erwärmen ist, das Metall nicht zu verbrennen. Vielleicht haben Sie schon mal ein Stück Eisen in ein Schmiedefeuer gehalten. Wenn das Metall zu heiß wird, fängt es an zu brennen. Das sieht dann aus wie eine Wunderkerze, aber das ist natürlich nicht erwünscht. Man muss das Verbrennen also verhindern. Das geht, indem man den Sauerstoff vom Werkstück fernhält. Denn Stoffe können nur mit genügend Sauerstoff verbrennen. Die Schmiede machen das, indem sie feinen Sand auf das Werkstück im Feuer streuen. Der Sand hält den Sauerstoff fern und verhindert das Verbrennen. In der Schlosserei oder der Industriemechanik schweißt man nicht im Schmiedefeuer, sondern meist mit elektrischen Schweißverfahren. Aber auch hierbei darf das Metall nur schmelzen und nicht verbrennen.

Es gibt viele verschiedene Verfahren zum Schweißen. Jedes Verfahren hat Vorteile und Nachteile. Außerdem eignen sich die Verfahren für verschiedene Anwendungen unterschiedlich gut. Zum Beispiel nehmen Sie für das Schweißen auf einer Baustelle lieber einen kleinen Schweiß-Transformator mit, statt sich mit den schweren Gasflaschen abzuschleppen. Aber auch für die Arbeit in der Werkstatt taugt oft das eine Verfahren besser als das andere.

**Verschiedene Schweißnähte und ihre Vorbereitung**

Bevor Sie schweißen, müssen Sie Ihr Werkstück dafür vorbereiten. Ganz egal, welches Verfahren Sie anwenden. Die Stelle, an der sich Teile vom Werkstück berühren, heißt: **Stoß**. Der Punkt oder die Linie, an der die Teile aneinandergeschweißt sind, heißt: **Schweißnaht** oder einfach: **Naht**.

Stöße können ganz unterschiedlich sein. Stellen Sie sich zwei Flacheisen vor, die rechtwinklig aufeinander stehen. Oder zwei Flacheisen, die flach nebeneinander liegen. Das sind zwei Beispiele für völlig verschiedene Stöße (Bild 1). Darum muss man sie auch unterschiedlich vorbereiten (Bild 1, Seite 20). Sie können nicht zwei Balken einfach so aneinander leimen. Dabei kann keine feste Verbindung entstehen. Genauso wenig können Sie zwei Teile ohne Nahtvorbereitung stumpf aneinanderschweißen. Beim Schweißen muss an beiden Teilen am Stoß das Material schmelzen können. Diese Stelle, wo das Metall schmilzt, heißt: **Schmelzbad**. Das Schmelzbad braucht drei Dinge, damit eine feste Verbindung entstehen kann:

- Genug Platz. Das heißt: Die Schweißnaht muss groß genug sein. Ihre Größe ist abhängig von der Materialdicke.
- Material. Beim Schweißen fügen Sie dem Schmelzbad fast immer zusätzliches Material hinzu. Das zusätzliche Material muss zum Werkstoff vom Werkstück passen.

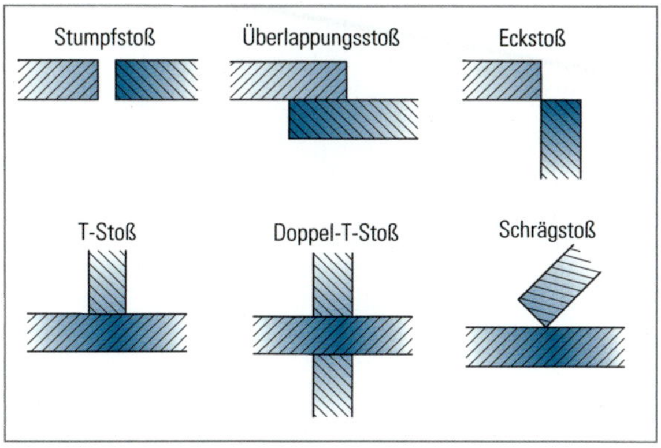


**1:** Verschiedene Stoßarten

| Art der Schweißnahtvorbereitung | Symbol nach ISO 2553 | Schnitt | Darstellung |
|---|---|---|---|
| **Stumpfnähte, einseitig geschweißt** | | | |
| Kanten bördeln | )( |  |  |
| I-Fuge | \|\| |  | 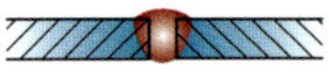 |
| V-Fuge | V |  | 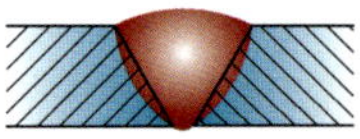 |
| **Stumpfnähte, beidseitig geschweißt** | | | |
| I-Fuge | \|\| |  | 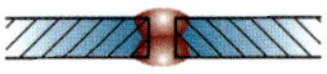 |
| D(oppel)-V-Fuge | X |  | 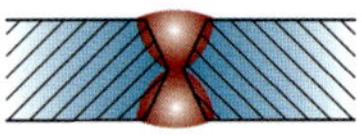 |
| **Kehlnähte, einseitig geschweißt** | | | |
| Stirnfläche rechtwinklig | ◺ | 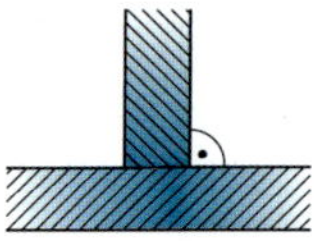 | 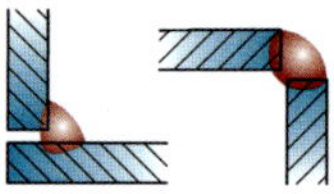 |

**1:** Verschiedene Schweißnähte und ihre Vorbereitung

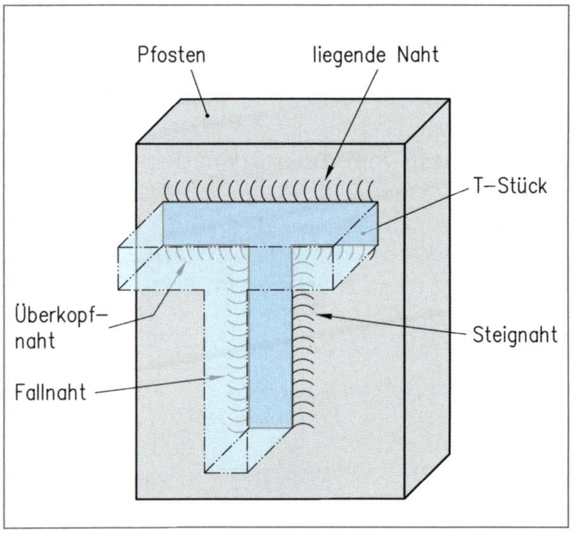


**2:** Verschiedene Richtungen oder Lagen beim Schweißen

- Genug Fläche, an der der Werkstoff schmilzt. Das heißt: Sie müssen die Fläche manchmal extra vergrößern. Das machen Sie zum Beispiel durch Anfasen.

Außerdem ist die Schweißrichtung nicht immer die gleiche (Bild 2). Stellen Sie sich vor, dass Sie ein T-Profil an eine bestehende Konstruktion anschweißen. Zum Beispiel an einen senkrechten Pfosten. Dabei schweißen Sie in verschiedenen Lagen oder Richtungen:

- Steignaht oder Fallnaht
- liegende Naht
- Überkopfnaht

Sie lernen in den Kapiteln zu den verschiedenen Schweißverfahren auch etwas über Schweißrichtungen und Schweißlagen.

**Die Vorgehensweise beim Schweißen**

Vor dem Schweißen müssen Sie alle Teile gut vorbereiten. Also zum Beispiel auf die richtige Länge bringen oder auch anfasen. Spätere Korrekturen sind schwierig und aufwendig. Wenn die Teile dann so liegen, wie sie liegen sollen, fixieren Sie sie. Zum Beispiel mit Schraubzwingen. Sehen Sie nach, ob alles bereit ist. Je nachdem, mit welchem Verfahren Sie arbeiten, achten Sie auf Folgendes:

- Die richtigen Elektroden, Schlackenhammer und Drahtbürste liegen bereit.
- Die Gasflasche ist aufgedreht.
- Das Schweißgerät ist richtig eingestellt.
- Sie sind mit dem nötigen Arbeitsschutz ausgerüstet.
- Die Massenklemme ist befestigt.

Oft müssen Sie die Teile provisorisch miteinander verbinden. Das heißt: **Heften**. Das Heften dient dazu:

- Die Teile können nicht mehr verrutschen.
- Beim Schweißen „zieht" die Schweißnaht das angeschweißte Teil stark in eine Richtung. Dadurch stimmen die Winkel und die Maße nicht mehr. Das können Sie durch das Heften verhindern oder zumindest reduzieren, indem Sie Heftpunkte an verschiedenen Seiten oder Ecken setzen.
- Sie können sich die Arbeit erleichtern und beschleunigen, wenn Sie ein Werkstück mit vielen gleichartigen Schweißnähten haben. Sie heften zuerst alles zusammen und können danach in aller Ruhe „durchschweißen".

Nach dem Heften ziehen Sie die Schweißnähte. Meistens müssen Sie die Nähte noch nachbearbeiten, indem Sie zum Beispiel Schweißperlen entfernen und die Schweißnaht verputzen.

**Vorteile vom Schweißen:**

- Die Schweißnaht kann genauso fest sein wie der Werkstoff vom Werkstück, weil der Schweißzusatz aus demselben Material besteht.
- Schweißverbindungen brauchen weniger Gewicht und Platz als Schraubverbindungen, weil die Bauteile sich an der Fügestelle nicht überlappen müssen.
- Schweißverbindungen lassen sich relativ rasch herstellen und sind darum sehr wirtschaftlich.
- Mit einigen Schweißverfahren kann man auch auf Baustellen vor Ort Teile fügen.

**Nachteile vom Schweißen:**

- Es lässt sich nur bei schweißbaren Werkstoffen anwenden.
- Durch die starke Wärmeeinwirkung können sich die Eigenschaften vom Werkstoff ungünstig verändern. Das Werkstück kann sich außerdem durch die Wärme verziehen.
- Es lassen sich nur in wenigen Fällen Bauteile aus verschiedenen Materialien miteinander verschweißen.

Obwohl man heute meistens mit elektrischen Geräten schweißt, lernen Sie zuerst etwas über das Schweißen mit der Gasflamme. Das heißt: **Gasschmelzschweißen** oder **Autogenschweißen**. Man kann dadurch den Vorgang vom Schweißen gut verstehen und es passiert eigentlich genau das Gleiche wie beim elektrischen Schweißen.

## 4.1 Autogenschweißen

Sie können verschiedene Metalle autogen schweißen. Zum Beispiel Eisen und Stahl, aber auch NE-Metalle wie Aluminium und Kupfer. Beim Autogenschweißen arbeiten Sie mit der Brennerflamme vom Schweißbrenner. Diese Technik kommt nur noch selten vor, meistens bei dünnwandigen Rohren oder Blechen. Aber sie ist ein sehr gutes Verfahren, um das Metall im geschmolzenen Zustand kennenzulernen und den Umgang damit zu erlernen. Wenn Sie die Gelegenheit dazu haben, probieren Sie es einmal aus! Im Kapitel 2.2 finden Sie ein paar Anweisungen zum Umgang mit dem Brenner. Ausführliche Infos dazu gibt es im Band „Fertigungstechnik – Grundkenntnisse in einfacher Sprache" (HT 3080). Für die Brennerflamme entzünden Sie ein Gemisch aus einem Brenngas und Sauerstoff. Das Brenngas ist meistens Acetylen. Die Flamme kann bis zu 3200 °C heiß sein. Sie müssen die Flamme so einstellen, dass beide Gase im gleichen Verhältnis miteinander gemischt werden. Das heißt: **neutrale Flamme**. Denn bei zu viel Sauerstoff kann der Werkstoff verbrennen. Bei zu viel Acetylen kann die Schweißnaht spröde werden. Das Hintergrundwissen dazu können Sie im Buch „Basisqualifikationen Metallbau" (HT 3040) nachlesen.

**1:** Schweißbrille

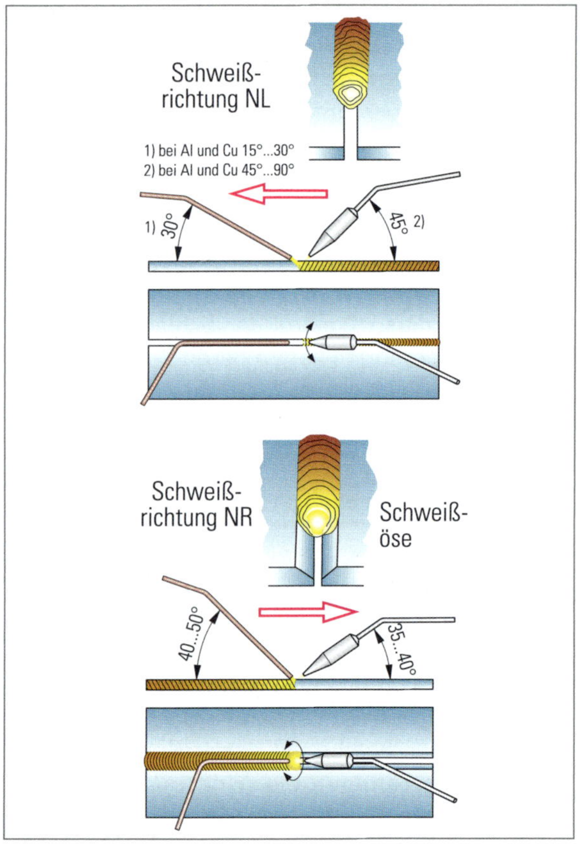


**2:** Schweißrichtungen (NL = nach links, NR = nach rechts)

## Werkstatthinweise

- Tragen Sie beim Autogenschweißen eine Schweißbrille (Bild 1), eine Sonnenbrille reicht nicht. Es entsteht zwar keine ultraviolette Strahlung (UV-Strahlung), aber die Flamme ist sehr hell. Sie erkennen Ihr Schmelzbad ohne Brille kaum.
- Sie dürfen erst ab 18 Jahren mit einem Brenner allein arbeiten. Wenn Sie unter 18 sind, dürfen Sie nur unter Aufsicht mit einem Brenner arbeiten.
- Lassen Sie sich den Umgang mit der Gasanlage und den Brennern unbedingt zeigen. Halten Sie sich beim Arbeiten an diese Erklärungen.
- Zünden Sie die Brennerflamme mit einem geeigneten Anzünder an.
- Tragen Sie feuerfeste Kleidung und Schutzausrüstung.

## Das Verfahren beim Autogenschweißen

Mit der Flamme erwärmen Sie den Werkstoff von beiden Teilen am Stoß, bis ein Schmelzbad entsteht. Mit der Hand geben Sie noch Material hinzu. Dafür gibt es Schweißzusätze. Die heißen: **Schweißstäbe**. Die Spitze vom Schweißstab befindet sich nahe beim Schmelzbad. Die Spitze schmilzt und gibt Tropfen mit flüssigem Metall in das Schmelzbad ab. Solche Schweißstäbe gibt es in verschiedenen Materialien und in verschiedenen Durchmessern.

Man kann beim Autogenschweißen in zwei verschiedene Richtungen arbeiten: nach rechts und nach links (Bild 2). Diese zwei Techniken unterscheiden sich nicht nur durch die Richtung. Sie eignen sich außerdem für unterschiedliche Anwendungen. Die Beschreibungen hier sind für Rechtshänder gedacht. Wenn Sie den Brenner mit links halten, müssen Sie entsprechend umdenken.

### Nachlinksschweißen

Hierbei „schieben" Sie den Brenner von rechts nach links. Die Flamme zeigt in die Richtung, in die Sie arbeiten. Die fertige Naht ist also unter Ihrer rechten Hand. Sie bewegen die Brennerflamme mit ganz leichten Pendelbewegungen vorwärts. Den Schweißzusatz tupfen Sie dabei gelegentlich ins Schmelzbad. Der Vorteil ist dabei, dass Sie das

Material nur kurz und wenig erhitzen. Dadurch kann sich das Material nicht so stark verziehen. Außerdem ist dann das Risiko geringer, dass Sie ein dünnes Blech durchschmelzen. Nachlinksschweißen eignet sich für dünnes Material bis etwa 3 mm.

**Nachrechtsschweißen**
Hierbei „ziehen" Sie den Brenner von links nach rechts. Die Flamme zeigt in die Richtung, wo die fertige Naht ist. Unter Ihrer rechten Hand ist der Stoß. Sie führen die Brennerflamme in einer geraden Bewegung vorwärts. Den Schweißzusatz geben Sie in kreisenden Bewegungen ins Schmelzbad zu.
Der Vorteil ist dabei, dass Sie das Schmelzbad lange erhitzen. Dadurch können Sie das Werkstück durchgehend bis zur Unterseite aufschmelzen. So können Sie breite und tiefe Nähte herstellen. Nachrechtsschweißen eignet sich für dickes Material ab etwa 3 mm.

**Vorteile vom Autogenschweißen:**

- Sie sind unabhängig von elektrischer Energie. Dadurch können Sie diese Technik an vielen Orten einfach anwenden.
- Sie können sehr feine Nähte herstellen.
- Sie bekommen ein sehr gutes Gefühl für den Umgang mit Metallen.
- Es entsteht keine schädliche UV-Strahlung.

**Nachteile vom Autogenschweißen:**

- Die Gasflaschen sind sehr schwer und unhandlich.
- Autogenschweißen ist ein vergleichsweise langsames Schweißverfahren.
- Man braucht viel Erfahrung, um damit alle Materialstärken und Lagen zu schweißen.

### Übungen

1. Was versteht man unter „Schweißen"? Nennen Sie die wichtigsten Merkmale.
2. Wofür eignet sich das Autogenschweißen besonders gut?
3. Erklären Sie, warum das Nachrechtsschweißen und das Nachlinksschweißen für verschiedene Materialdicken geeignet sind.
4. Was ist die „neutrale Flamme" am Brenner? Und warum müssen Sie den Brenner zum Schweißen so einstellen?

## 4.2 Das elektrische Schweißen

Beim elektrischen Schweißen schmelzen Sie den Werkstoff durch einen sogenannten **Lichtbogen**. Der Lichtbogen entsteht durch das Fließen von elektrischem Strom. Auch beim elektrischen Schweißen darf das Metall nur schmelzen. Es darf nicht verbrennen. Jede Schweißtechnik verhindert durch ihre eigene „Strategie" das Verbrennen.

**Merke**
Beim elektrischen Schweißen verwandelt sich elektrische Energie in Wärmeenergie.

Es gibt viele verschiedene Arten, elektrisch zu schweißen. Außerdem gibt es viele automatisierte Verfahren, zum Beispiel mit Schweißrobotern. Das sind interessante Geräte, aber hier lernen Sie nur etwas über die bekanntesten handwerklichen Verfahren.

Mehrere Eigenschaften sind bei allen elektrischen Schweißtechniken gleich:

- Alle elektrischen Schweißverfahren wandeln elektrische Energie in Wärmeenergie um.
- Das elektrische Schweißen funktioniert nur mit einem geschlossenen Stromkreis. Darum besteht jedes elektrische Schweißgerät aus einer sogenannten **Massenklemme** und dem elektrischen Brenner.
- Es entsteht ein sogenannter Lichtbogen, der den elektrischen Strom leitet. Dabei entsteht ultraviolette Strahlung (UV-Strahlung).
- Die Stromstärke ist einstellbar. Je höher die Stromstärke ist, desto mehr Wärmeenergie entsteht. Sie müssen die Stromstärke an Ihr Werkstück anpassen, sonst haben Sie ruckzuck ein Loch reingebrannt.
- Wir erhalten Wechselstrom aus dem Stromnetz. Der taugt für das elektrische Schweißen nicht immer. Darum wandeln einige Schweißgeräte den Wechselstrom in Gleichstrom um.

**1:** Schweißhelm

## Werkstatthinweise

- Lassen Sie sich den Umgang mit dem Schweißgerät zeigen. Halten Sie sich beim Arbeiten an diese Erklärungen.
- Bei einigen elektrischen Schweißverfahren entstehen Funken und flüssiges Metall. Tragen Sie darum langärmelige, feuerfeste Kleidung und Schuhe ohne Löcher. Die heißen Metalltropfen brennen sich sofort in die Haut ein. Eine Schweißschürze aus Leder schützt Sie zusätzlich. Entfernen Sie leicht brennbare Gegenstände in der Umgebung.
- Bei allen elektrischen Schweißverfahren entsteht UV-Strahlung. UV-Strahlung ist schädlich für die Augen. Wenn Sie zu oft oder zu lange ungeschützt in den Lichtbogen sehen, können Sie sich die Augen verblitzen. Das kann sehr schmerzhaft sein. Leider merkt man das aber nicht sofort, sondern erst Stunden später. Die Augen tränen, werden dick und es fühlt sich an wie Sand im Auge. Darum schweißen Sie nie ohne Schweißschild oder Schweißhelm. Ob Sie mit dem klassischen Schweißschild oder einem Schweißhelm (Bild 1) arbeiten, ist Geschmackssache. Bei der Arbeit mit einem Helm haben Sie beide Hände frei. Das Sichtfenster ist zuerst durchsichtig. Es verdunkelt sofort, wenn der Lichtbogen entsteht.
- Die UV-Strahlung ist auch schädlich für die Haut. Sie können davon Sonnenbrand bekommen. Manchmal können Sie kein Schweißschild verwenden. Zum Beispiel beim Heften, dafür brauchen Sie beide Hände. Schützen Sie Ihr Gesicht mit Sonnencreme vor der Strahlung. Verwenden Sie einen hohen Lichtschutzfaktor.
- Elektrische Schweißgeräte arbeiten teilweise mit hohen Stromstärken. Darum entstehen an den Geräten und an den Kabeln sogenannte **elektromagnetische Felder**. Halten Sie darum Abstand zum Schweißgerät. Legen Sie die Kabel nicht über oder um Ihren Körper. Halten Sie Ihr Handy fern, es kann beschädigt werden.
- Beim Schweißen verdampft immer ein bisschen Metall. Metalldämpfe sind schädlich. Arbeiten Sie mit einer Absauganlage oder sorgen Sie für eine gute Lüftung am Schweißplatz.
- Schirmen Sie den Schweißplatz nach Möglichkeit ab, damit sich niemand verblitzen kann.

### 4.2.1 Das Freihandschweißen mit Elektroden

Sie können verschiedene Metalle gut und einfach mit Elektroden schweißen. Zum Beispiel Eisen, Stähle, auch einige Arten von Stahlguss und Edelstahl. Andere NE-Metalle lassen sich auch mit Elektroden schweißen, aber meistens eignen sich dafür andere Verfahren besser.

**Das Elektroden-Schweißgerät**

Es gibt viele verschiedene Schweißgeräte für das Elektrodenschweißen. Manche sind so schwer, dass sie nicht zu transportieren sind und ihren Platz in der Werkstatt haben. Solche Schweißgeräte arbeiten teils mit sehr hohen Stromstärken. Es gibt auch sehr kleine, leichte und handliche Geräte, die sich sehr gut für die Arbeit auf der Baustelle eignen. Lassen Sie sich das Schweißgerät zeigen und erklären, damit Sie gut damit zurechtkommen. Schweißgeräte arbeiten teilweise mit Gleichstrom und teilweise mit Wechselstrom. Aus dem Stromnetz bekommen wir Wechselstrom mit einer hohen Spannung und mit einer niedrigen Stromstärke. Darum wandeln alle Schweißgeräte den Strom um: Es entsteht ein Strom mit hoher Stromstärke und niedriger Spannung.

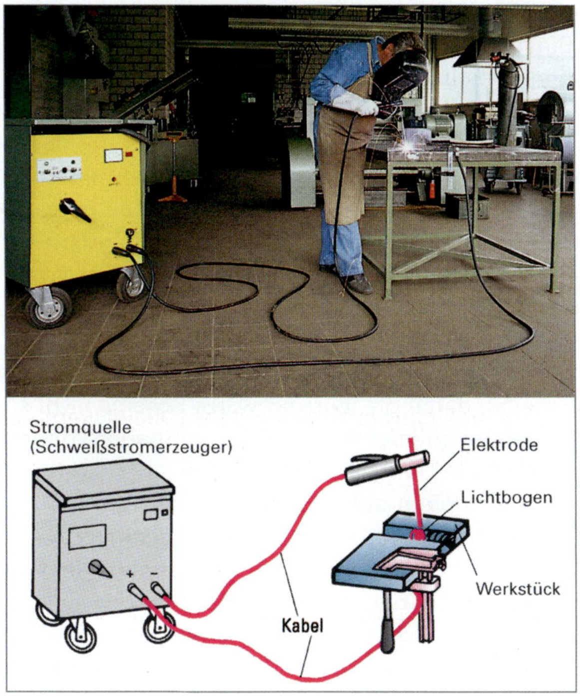


**1:** Schweißgerät zum Elektrodenschweißen

Außer dem Netzstecker für die Steckdose sind zwei Kabel am Gerät angeschlossen. An dem einen Kabel ist die **Massenklemme**.
Die Klemme kommt an die Schweißböcke, an den Schweißtisch oder an das Werkstück. Sonst kann kein Stromkreislauf entstehen und das Schweißen funktioniert nicht. Am anderen Kabel ist der **Elektrodenhalter**. Am „Maul" vom Elektrodenhalter klemmen Sie die Elektrode fest (Bild 1).

### Die Elektroden

Im handwerklichen Bereich sind mit Elektroden meist Stabelektroden gemeint. Elektroden bestehen aus einem metallischen Kern und einer Umhüllung. Es gibt verschiedene Elektroden. Sie unterscheiden sich darin:

- Durchmesser
- Material
- Umhüllung

Elektroden sind genormt. Für jede Schweißarbeit gibt es passende Elektroden.

> **Merke**
> Eine Elektrode muss zum Werkstück passen.

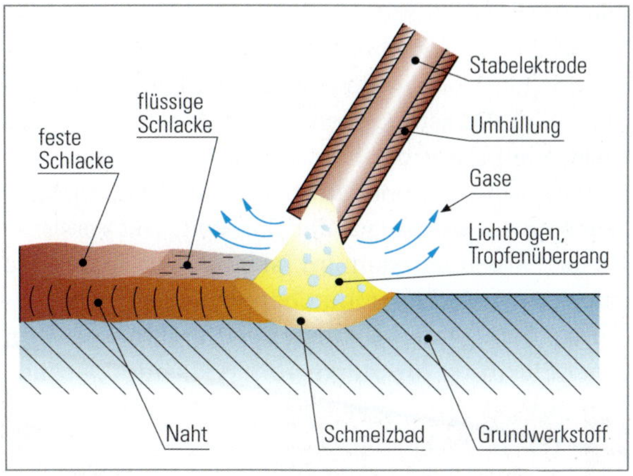


**2:** Eine Elektrode schmilzt beim Schweißen ab

Die Elektrode zündet durch leichtes Tupfen auf das Werkstück. Der Lichtbogen entsteht. Strom fließt. Nun passieren mehrere Dinge gleichzeitig (Bild 2):

- Die elektrische Energie wird zu Wärmeenergie. Dadurch schmilzt die Stelle am Werkstück, auf die der Lichtbogen trifft. Das Schmelzbad entsteht.
- Die Elektrode schmilzt durch die starke Wärmeenergie an der Spitze ab.
- Beim Schmelzen tropft das Metall von der Elektrode in das Schmelzbad. Es dient so als Schweißzusatz. Genau wie die Schweißstäbe beim Autogenschweißen. Aus dem schmelzenden Zusatz entsteht die sogenannte **Schweißraupe**.
- Die Umhüllung von der Elektrode schmilzt auch ab. Dabei entsteht ein Gas. Das Gas schützt die Schweißstelle vor dem Kontakt mit Sauerstoff und damit vor dem Verbrennen. Die flüssige Umhüllung legt sich dann auf das flüssige Metall und schützt es dabei auch vor dem Verbrennen. Beim Erstarren wird daraus eine feste Schicht. Diese Schicht heißt **Schlacke**.

Das ist das typische Bild von der Schlosserei: Jemand arbeitet im blauen Licht vom Lichtbogen und umgeben von Funken und glühenden Metalltropfen. Das sieht das schon beeindruckend aus. Und es macht auch wirklich Spaß.
Allerdings muss man es üben und einige Dinge beachten.

**Die richtige Elektrode**

Es gibt viele verschiedene Arten Elektroden. Die richtige Elektrode muss vom Material her zum Werkstoff vom Werkstück passen. Das Material von der Elektrode ist auf der Verpackung aufgedruckt. Außerdem sind Stempel auf der Umhüllung. Elektroden sind außerdem auf der Stirnseite mit verschiedenen Farben markiert. Im Tabellenbuch finden Sie Infos dazu, wie Elektroden bezeichnet werden.

Außer dem Material muss der Durchmesser von einer Elektrode zur Stärke vom Werkstück passen.

**Merke**

Für dünnes Material brauchen Sie eine dünne Elektrode, für dickes Material eine dicke Elektrode.

Das hat damit zu tun:

Manchmal ist das Material so dick, dass Sie es nicht in einer Lage schweißen können. Trotzdem sollen die Lagen ja ausreichend dick sein. Dafür brauchen Sie viel Schweißzusatz. Darum nehmen Sie dafür dicke Elektroden. Manchmal müssen Sie auch dünnes Material schweißen. Dafür nehmen Sie eine dünne Elektrode, weil Sie nur wenig Schweißzusatz aufbringen müssen.

**Die richtige Stromstärke am Schweißgerät einstellen**

Die Stromstärke vom Schweißgerät ist hauptsächlich vom Durchmesser von der Elektrode abhängig. Durch den starken Stromfluss entsteht sehr große Wärme. An der Schweißstelle gibt es Temperaturen um die 4000 °C. Auch die Elektrode wird warm. Wenn Sie eine zu hohe Stromstärke einstellen, kann die Elektrode anfangen zu glühen. Das sieht interessant aus, ist aber beim Schweißen nicht hilfreich. Außerdem haben Sie mit einer zu hohen Stromstärke schnell ein Loch in Ihr Werkstück gebrannt. Das klingt beim Schweißen „zischend".

Wenn die Stromstärke zu niedrig ist, zündet die Elektrode nicht gut und es gibt ein „blubberndes" Geräusch. Dabei können Poren entstehen. Das sind Löcher in der Schweißraupe, in denen Luft ist oder Schlacke.

**Merke**

Für dünne Elektroden brauchen Sie eine niedrige Stromstärke, für dicke Elektroden eine hohe Stromstärke.

Wenn Sie im Elektrodenschweißen ein bisschen Erfahrung gesammelt haben, können Sie die richtige Einstellung sehen und hören. Bei der richtigen Einstellung gibt es einen gleichmäßigen Lichtbogen und ein „brutzelndes" Geräusch.

**Hinweise für das Schweißverfahren**

Sehen Sie beim Schweißen durch das Schweißschild und beobachten Sie, was im Schweißbad passiert. Wenn Sie es schlecht erkennen können, probieren Sie ein anderes Schweißschutzglas aus. Die schwarzen Scheiben haben Zahlen. Meistens von 7 bis 11. Je höher die Zahl ist, desto dunkler ist die Scheibe. Setzen Sie eine klare Glasscheibe vor die schwarze Scheibe, damit die teure schwarze Scheibe nicht so schnell beschädigt wird. Die Schweißperlen können nämlich am Glas kleben bleiben.

Der Lichtbogen soll möglichst immer die gleiche Länge haben. Weil die Elektrode abschmilzt, kommen Sie mit dem Elektrodenhalter immer näher an das Werkstück heran. Wenn der Lichtbogen zu lang ist, kann die Schlacke herumfließen. Dadurch lässt es sich schlechter schweißen und die Naht kann Löcher bekommen.

Wenn Sie in mehreren Lagen schweißen, müssen Sie von der unteren Lage die Schlacke entfernen. Dazu benutzen Sie einen Schlackenhammer und eine Drahtbürste. Machen Sie das aber erst, wenn die Schweißstelle nicht mehr ganz so heiß ist. Wenn eine Schweißnaht sehr gut ist, löst sich die Schlacke sogar von alleine.

**Verschiedene Schweißrichtungen**

Sie halten die Elektrode immer in die Richtung von der Schweißnaht. Schweißnähte können unterschiedlich breit sein und in verschiedene Richtungen gehen. Darum müssen Sie die Elektrode manchmal auf verschiedene Art bewegen. Manchmal ist es eine einfache und schmale Naht. Da können Sie die Elektrode einfach in oder auf den Stoß „legen", wenn das Schweißgerät perfekt eingestellt ist. Oft ist es aber nicht so leicht und Sie müssen mit der Elektrode eine pendelnde Bewegung machen oder auch eine „Tannenbaum"-Bewegung (Bild 1, Seite 27).

**Werkstatthinweise**

- Schweißen mit Stabelektroden erfordert einige Übung. Nutzen Sie jede Gelegenheit dazu und probieren Sie es zum Beispiel an Reststücken aus.

Üben Sie an Stücken mit verschiedenen Materialstärken, in verschiedenen Lagen und in verschiedene Arbeitsrichtungen. Seien Sie geduldig, auch was das Zünden von den Elektroden betrifft.

- Üben Sie auch das Heften.
- Elektroden können alt und schlecht werden. Mit solchen Elektroden ist das Schweißen viel schwieriger. Auf den Packungen steht das Produktionsdatum. Nehmen Sie gerade als Anfänger lieber frische Elektroden.
- Wenn Elektroden einmal feucht geworden sind, kann man mit ihnen eigentlich nichts mehr anfangen. Die Umhüllung kann bröselig werden oder sie hat sich teilweise vom Kern gelöst. Manchmal hilft gutes Trocknen.
- Die Elektrode wird beim Schweißen auch warm. Bitte fassen Sie sie nicht mit bloßen Händen an.
- Der Elektrodenhalter muss vollständig mit Kunststoff umhüllt sein. Wenn die Hülle aus Kunststoff beschädigt ist, benutzen Sie das Gerät nicht. Der Kontakt vom menschlichen Körper mit dem Metall vom Elektrodenhalter kann sehr gefährlich sein. Die Umhüllung von den Elektroden leitet auch Strom. Fassen Sie die eingeklemmte Elektrode nicht an, wenn Sie zum Beispiel auch den Schweißtisch oder das Werkstück berühren.
- Tragen Sie beim Entfernen von der Schlacke eine Schutzbrille oder sehen Sie durch die klare Scheibe vom Schweißschild. Bei vielen Schweißschilden können Sie die schwarze Scheibe mit einem Hebel wegschieben.

## Übungen

1. Wozu dient die Elektrode beim Elektrodenschweißen?
2. Was müssen Sie beachten, damit Sie beim Elektrodenschweißen sich selbst und andere nicht gefährden?
3. Erklären Sie den Vorgang vom Elektrodenschweißen.
4. Wie hängen Materialstärke, Elektrodendicke und Stromstärke zusammen?

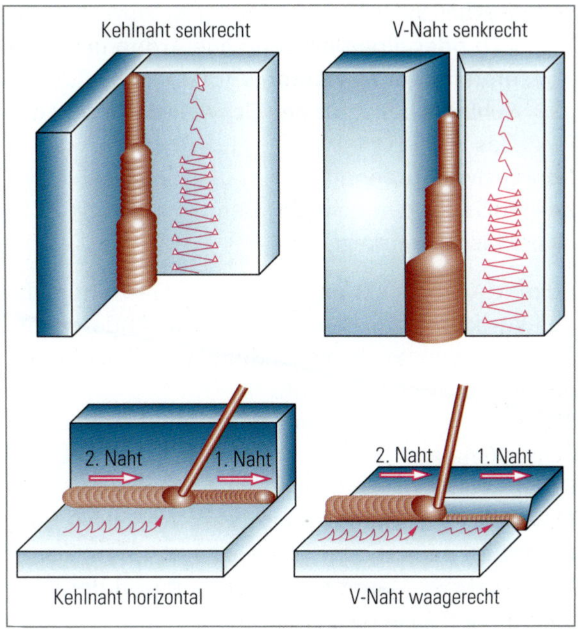


**1:** Elektrodenführung bei verschiedenen Schweißrichtungen

### 4.2.2 Das Schutzgasschweißen

Das Schutzgasschweißen ist auch ein elektrisches Schweißverfahren. Auch dabei entsteht das Schmelzbad dadurch, dass der Stromkreislauf einen Lichtbogen bildet. Aber wie der Name schon sagt: Beim Schutzgasschweißen schützt ein spezielles **Schutzgas** das Metall vor dem Verbrennen. Das Gas hält den Sauerstoff von der Schweißstelle weg.

Es gibt verschiedene Arten und Verfahren vom Schutzgasschweißen. Sie unterscheiden sich in diesen Dingen:

- Schweißzusatz
- Schutzgas
- Entstehung vom Lichtbogen

Die verschiedenen Schweißverfahren werden meistens mit Abkürzungen bezeichnet.

#### Das MAG-Schweißen

MAG-Schweißen ist die Abkürzung für **Metall-Aktivgas-Schweißen**. Das Verfahren eignet sich für Stähle. Ein Schweißgerät zum MAG-Schweißen besteht aus folgenden Teilen (Bild 1, Seite 28):

- Schweißtransformator mit Netzstecker für die Stromzufuhr

- Gasflasche für das Schutzgas, zum Beispiel $CO_2$ oder eine Mischung aus Argon und Sauerstoff oder aus Argon und $CO_2$
- Schlauchpaket für den Schweißdraht und das Gas
- Schweißbrenner
- Rolle für den Schweißdraht
- Massenklemme

Beim MAG-Schweißen schützt das Gas einerseits den Werkstoff vor dem Verbrennen. Andererseits beeinflusst es auch die Bildung vom Lichtbogen und von der Schweißnaht.

Für das MAG-Schweißen braucht man auch einen Schweißzusatz. Das ist ein dünner Draht. Diese Drähte gibt es in verschiedenen Materialien. Das Material vom Draht muss zum Werkstoff vom Werkstück passen. Der Draht ist verkupfert, damit er nicht rostet, damit er besser läuft und der Kontakt mit der Düse besser ist.

Der Draht ist auf einer Spule aufgerollt, die meistens im Schweißgerät liegt. Das Gerät dreht die Spule und drückt damit den Draht durch das Schlauchpaket nach vorne durch den Brenner. Sie müssen den Drahtvorschub einstellen. Die Geschwindigkeit ist abhängig von der Stromstärke. Das ist genau wie beim Elektrodenschweißen: Bei dickem Material brauchen Sie eine hohe Stromstärke und viel Schweißzusatz. Darum muss der Draht dann schneller laufen. Stellen Sie vor dem Schweißen das Schweißgerät so ein, dass der Drahtvorschub gut zur Stromstärke passt.

Wenn Strom fließt, bildet sich vorne am Brenner an der Spitze vom Draht der Lichtbogen. Davon schmelzen der Draht und die Schweißstelle vom Werkstück. Gleichzeitig fließt das Schutzgas auf die Schweißstelle. Natürlich müssen Sie für den Stromkreislauf auch die Massenklemme am Werkstück oder am Schweißtisch befestigen.

### Das MIG-Schweißen

MIG-Schweißen ist die Abkürzung für **Metall-Inertgas-Schweißen**. Dieses Verfahren eignet sich für legierte Stähle und für NE-Metalle.

Ein MIG-Schweißgerät sieht so ähnlich aus wie ein MAG-Schweißgerät. Es besteht aus denselben Teilen und funktioniert fast genauso. Die beiden Geräte unterscheiden sich aber in dem Schutzgas: Das Inertgas verdrängt nur die Luft um die Schweißstelle herum. Zum MIG-Schweißen benutzt man Argon, Helium oder ein Gemisch aus diesen Gasen.

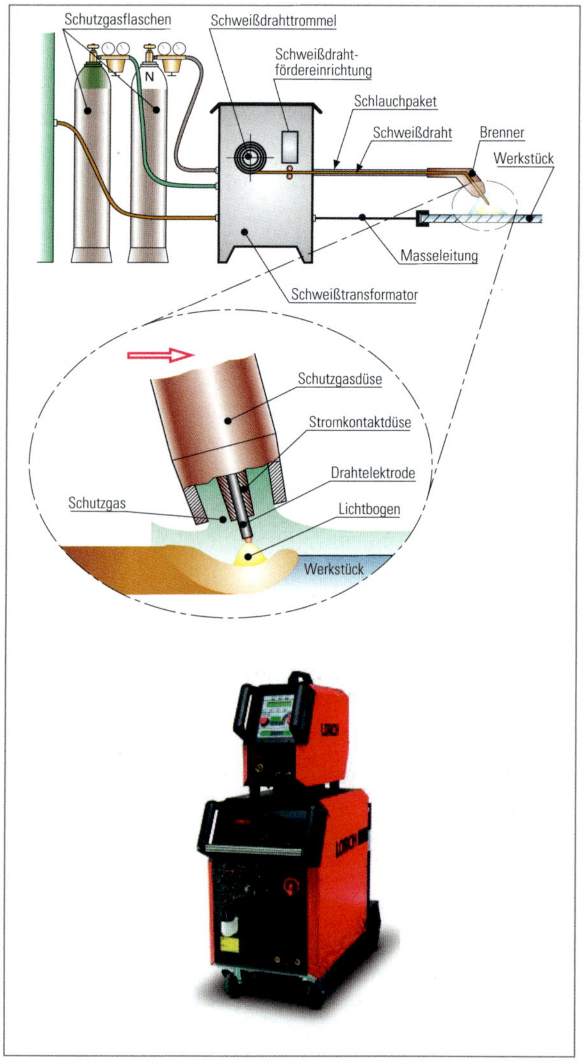


**1:** MIG/MAG-Schweißgerät

## Werkstatthinweise

- Stellen Sie sich das ganze Schweißgerät ordentlich ein, bevor Sie mit dem Schweißen anfangen. Also: Den Drahtvorschub und die Stromstärke aufeinander abstimmen. Probieren Sie das auf einem Reststück aus. Es ist gut, wenn beim Schweißen ein gleichmäßiges, „brutzelndes" Geräusch entsteht. Denken Sie außerdem daran, das Ventil für das Schutzgas aufzudrehen (eine halbe Umdrehung reicht).
- Beim MIG- und beim MAG-Schweißen entsteht auch UV-Strahlung. Benutzen Sie darum immer ein Schweißschild oder einen Schweiß-

helm. Schützen Sie zum Beispiel Ihr Gesicht mit Sonnencreme, wenn Sie beim Heften kein Schweißschild tragen können. Schirmen Sie Ihren Arbeitsplatz ab, damit niemand anderes die Strahlung abbekommt.

- Es gibt unterschiedlich dicke Schweißdrähte und auch unterschiedliche Durchmesser in der Stromkontaktdüse. Die Stromkontaktdüse und der Draht müssen zusammenpassen, damit der Draht darin nicht wackelt oder klemmt.
- Achten Sie darauf, dass das Schlauchpaket nicht verdreht ist. Sonst kann der Draht klemmen und fließt nicht regelmäßig.
- Beim MIG- und beim MAG-Schweißen fliegen oft Schweißperlen herum. Die Schweißperlen können sich in die Haut einbrennen. Tragen Sie darum geeignete, feuerfeste Kleidung und Schuhe ohne Löcher. Bei Steignähten fliegen die Schweißperlen nach oben weg. Tragen Sie dabei eine Kopfbedeckung, um Ihre Kopfhaut zu schützen.
- Schweißperlen können sich auch in der Schutzgasdüse und an der Stromkontaktdüse festsetzen. Wenn es zu viele Schweißperlen sind, kann der Draht schlecht laufen. Oder der Stromkreislauf schließt sich im schlechtesten Fall über die Schutzgasdüse. Das ist natürlich nicht erwünscht. Entfernen Sie die Schweißperlen darum regelmäßig. Sie können auch etwas Schweißspray in die Düse sprühen. Dann kleben die Schweißperlen nicht so leicht fest.
- Der Lichtbogen zündet am besten, wenn der Draht vorne an der Düse die richtige Länge hat. Wenn er zu weit heraussteht, knipsen Sie ihn mit einer Zange auf ungefähr einen Zentimeter Länge ab.

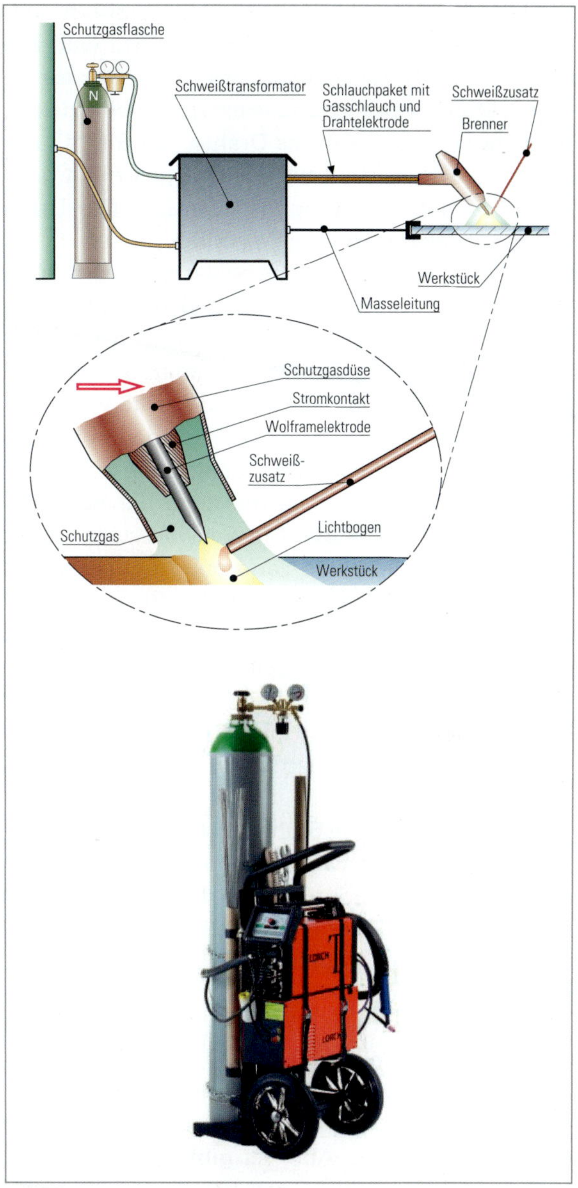


**1:** WIG-Schweißgerät

### Das WIG-Schweißen

WIG-Schweißen ist die Abkürzung für **Wolfram-Inertgas-Schweißen**. Dieses Verfahren eignet sich sehr gut für legierte Stähle und für NE-Metalle. Für unlegierte Stähle ist es nicht so gut geeignet.

Das WIG-Schweißen ist auch ein elektrisches Schweißverfahren. Ein Lichtbogen entsteht zwischen der Elektrode und dem Werkstück. Als Schutzgas benutzt man hierbei Argon, Helium oder Stickstoff.

Ein Schweißgerät zum WIG-Schweißen besteht aus folgenden Teilen (Bild 1):

- Schweiß-Transformator mit Netzstecker für die Stromzufuhr
- Gasflasche für das Schutzgas
- Schlauchpaket für die Stromleitung und das Gas, teilweise wassergekühlt
- Schweißbrenner
- Elektrode aus Wolfram
- Massenklemme

Sie können mit dem WIG-Schweißverfahren sehr dünnes Material ganz fein schweißen, weil Sie dafür keinen Schweißzusatz brauchen. Nur für dickeres Material brauchen Sie einen Schweißzusatz. Als Schweißzusatz gibt es Drähte, die Sie mit der Hand ins Schweißbad tupfen. Das geschieht ganz ähnlich wie beim Autogenschweißen. Der Draht muss zum Werkstoff vom Werkstück passen.
Das WIG-Schweißen unterscheidet sich vom MIG- und MAG-Schweißen, weil die Elektrode aus Wolfram ist. Wolfram ist ein Metall, das erst bei über 3000 °C schmilzt. Die Elektrode schmilzt darum beim Schweißen kaum ab. Die Elektrode sollte vorne immer schön spitz sein, damit der Lichtbogen schmal ist und eine feine Schweißnaht entstehen kann.
Bei Edelstahl müssen Sie meistens die Schweißnaht noch nacharbeiten. Die Schweißstelle ist oft blau verfärbt. Die blaue Verfärbung entfernen Sie mit einer speziellen Beize. Seien Sie vorsichtig und tragen Sie Handschuhe und eine Schutzbrille, wenn Sie mit der Beize arbeiten, weil sie ätzend ist. Manchmal sieht das Werkstück an der Schweißstelle matt aus. Sie müssen die Oberfläche dann mit Polieren oder Bürsten nachbehandeln, sodass alles gleichmäßig aussieht.
Sie können unlegierte Stähle auch mit WIG schweißen, aber das ist schwierig: Unlegierte Stähle sind ziemlich unrein. Dadurch entstehen beim Schweißen viele Schweißperlen. Die können an der Elektrode festkleben. Dadurch wird das Schweißergebnis schlecht.

**Das Plasmaschweißen**
Das Plasmaschweißen ist so ähnlich wie das WIG-Schweißen. Das Gerät zum Plasmaschweißen ist genauso aufgebaut. Aber es gibt natürlich einen Unterschied. Der Lichtbogen beim Plasmaschweißen ist nämlich viel dünner als beim WIG-Schweißen. Das heißt: **eingeschnürt** (Bild 1). Der Lichtbogen ist durch die besondere Konstruktion vom Brenner eingeschnürt und durch das Schutzgas, das den Strom leitet. Mit einem Plasmaschweißgerät können Sie legierte Stähle mit sehr geringer Dicke ganz fein schweißen. Beim Plasmaschweißen entsteht weniger Wärme als beim WIG-Schweißen. Dadurch verzieht sich das Werkstück weniger. Außerdem geht es schneller als das WIG-Schweißen.

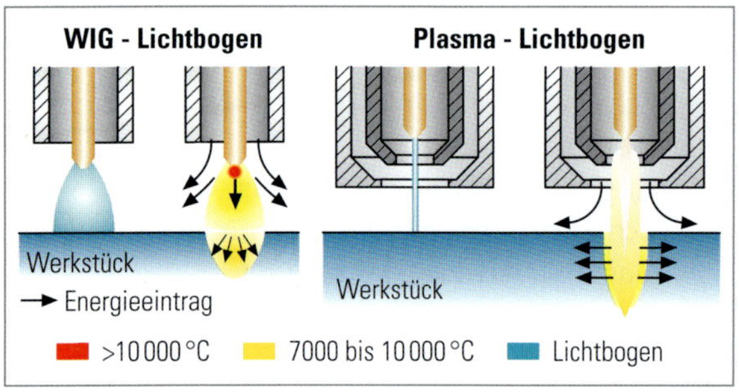


**1:** Vergleich von WIG-Schweißen und Plasmaschweißen

## Übungen

1. Beschreiben Sie die Vorgänge beim MIG- und MAG-Schweißen.
2. Beschreiben Sie die Vorgänge beim WIG-Schweißen.
3. Beschreiben Sie die Unterschiede von MIG- und MAG-Schweißen.
4. Welche Aufgabe hat das Schutzgas?
5. Was müssen Sie beachten, damit Sie beim Schutzgasschweißen sich selbst und andere nicht gefährden?

## 4.3 Auftragsschweißen

Es gibt noch eine weitere Anwendung für das Schweißen: das **Auftragsschweißen** (Bild 2). Das heißt nicht, dass man einen Auftrag ausführt, sondern dass man damit Material aufträgt. Das Auftragsschweißen ist also ein Beschichtungsver-

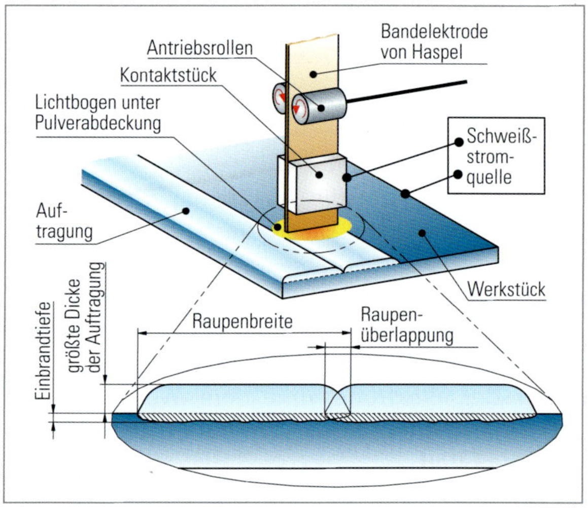


**2:** Auftragsschweißen

fahren. Man macht es, wenn das Werkstück mehr Volumen benötigt, oder um das Werkstück vor Korrosion oder Verschleiß zu schützen. Dieses Verfahren kommt in Kraftwerken vor, in denen Rauchgase die Oberflächen stark beanspruchen, oder an Teilen, die sich schnell abnutzen. Zum Beispiel an den Zähnen von Baggerschaufeln. Beim Auftragsschweißen bildet eine Bandelektrode breite Schweißnähte, die nebeneinander liegen und sich überlappen. So entsteht eine zusätzliche Fläche auf dem Werkstück.

## 4.4 Widerstands-Pressschweißen

Widerstands-Pressschweißverfahren sind automatisierte oder halbautomatisierte Schweißverfahren. Teilweise werden sogar Schweißroboter verwendet. Schweißroboter kommen im Metallhandwerk nur sehr selten vor. Eher in der Metallindustrie.

Widerstands-Pressschweißverfahren eignen sich für das Fügen von Blechen. Sie verbinden Teile durch Wärme und Druck. Die Wärme entsteht durch elektrischen Strom. Ähnlich wie bei den anderen elektrischen Schweißverfahren. Beim Widerstands-Pressschweißverfahren schmilzt aber kein Schweißzusatz ab. Der Werkstoff selbst schmilzt an der Stelle, wo die Teile sich unter Druck berühren. Der Strom muss durch diese Berührungsstelle durchfließen, an der es durch das Material einen elektrischen Widerstand gibt.

Beim Widerstands-Pressschweißverfahren entsteht also die meiste Wärme, wo der elektrische Widerstand im Stromkreis am größten ist. Das ist an der Kontaktstelle von den Teilen, und zwar genau zwischen den beiden Elektroden. Die Elektroden schmelzen nicht ab, sondern leiten nur den Strom. So wie die Elektrode aus Wolfram beim WIG-Schweißen. Dabei entstehen Temperaturen, die den Stahl schmelzen. An den Kontaktstellen entsteht eine Schweißverbindung.

Hier lernen Sie zwei von diesen Widerstands-Pressschweißverfahren kennen. Sie heißen: **Widerstands-Punktschweißen** und **Rollennahtschweißen**.

### Widerstands-Punktschweißen

Beim Widerstands-Punktschweißen gibt es zwei Strom führende Elektroden, die genau zueinander zeigen (Bild 1). Dazwischen liegen die Bleche, die Sie fügen sollen. Die Elektroden pressen die Bleche aufeinander. Dann fließt Strom von den Elektroden durch die Bleche. Durch den Strom erwärmt sich die Kontaktstelle. Der Werkstoff wird teigig und schmilzt. An der Kontaktstelle bildet sich eine sogenannte Schweißlinse. Wenn kein Strom mehr fließt, erstarrt die Schmelze in der Schweißlinse (Bild 2).

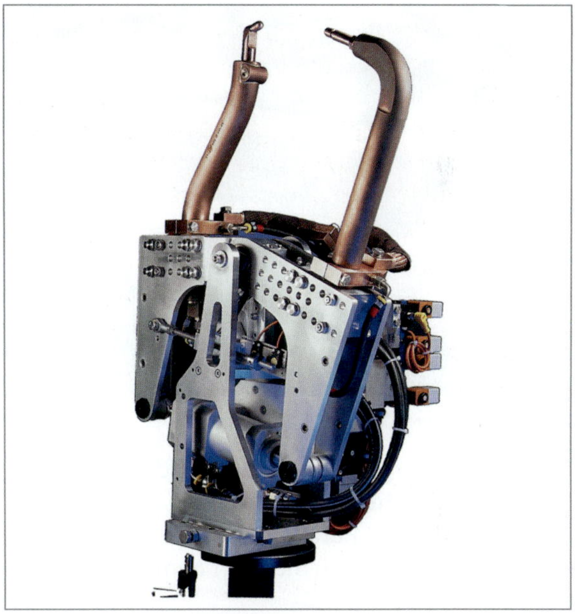

**1**: Schweißroboter zum Widerstandspunktschweißen

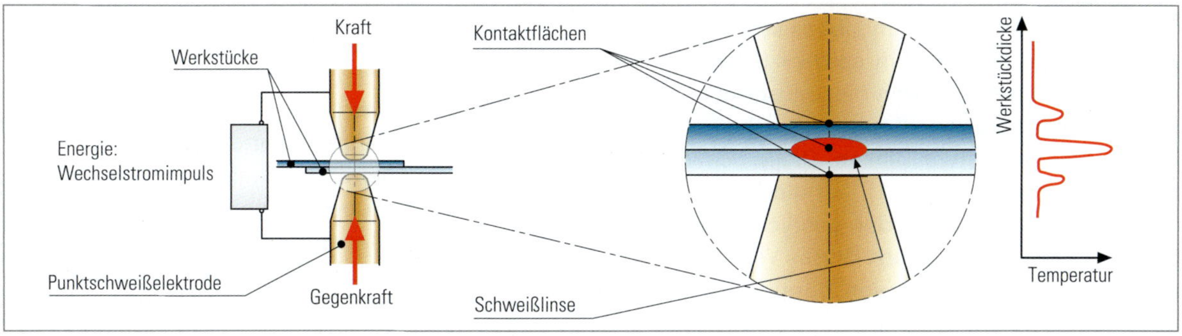


**2**: Punktschweißverfahren

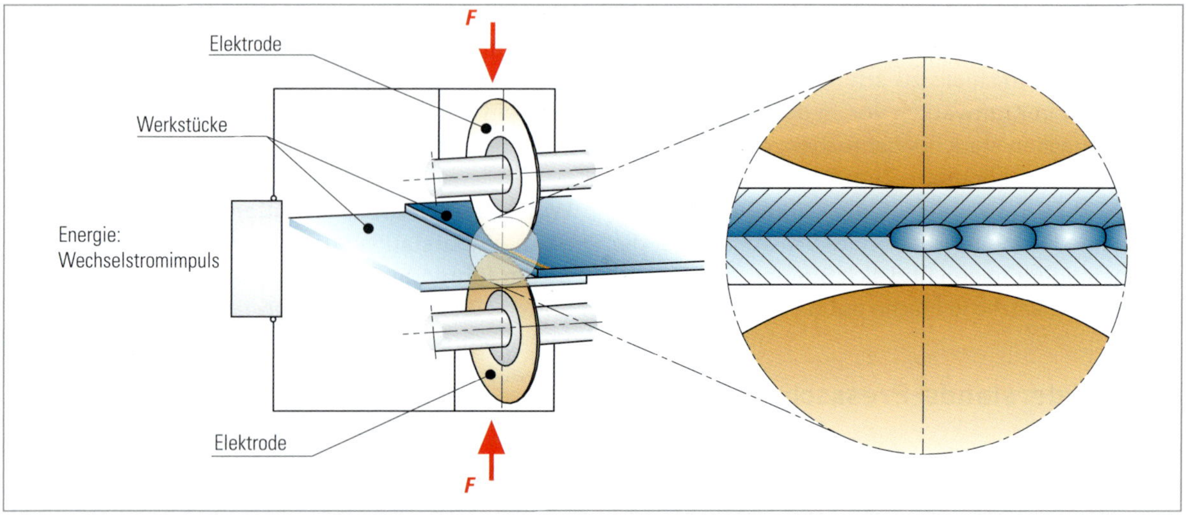


**1**: Beim Rollennahtschweißen entsteht eine dichte Naht.

**2**: Rollnahtschweißen

Der Schweißvorgang ist beendet und Sie lösen die Elektroden von den Blechen. Der häufigste Anwendungsbereich von Punktschweißverbindungen ist die Autoindustrie. Man montiert damit Karosserieteile.

**Rollennahtschweißen**

Beim Rollennahtschweißen gibt es scheibenförmige Elektroden (Bild 2). Ein solches Schweißgerät gibt Stromstöße ab. Durch diese Stromstöße entstehen längliche Schweißpunkte. Solche Schweißpunkte heißen: **Schweißlinsen**. Diese Schweißlinsen überlappen sich (Bild 1). Auf diese Weise kann man flüssigkeitsdichte oder gasdichte Schweißnähte herstellen. Man nutzt dieses Verfahren zum Beispiel beim Herstellen von dünnwandigen Behältern oder Rohren.

## Exkurs: Strom und Wasser

Viele Leute vergleichen Strom, Spannung und Widerstand beim Erklären mit einer Röhre, durch die Wasser fließt.
Strom kann an einem elektrischen Widerstand nicht so leicht fließen. Stellen Sie sich also eine Röhre vor, durch die Wasser fließt. Die Röhre hat überall den gleichen Durchmesser. Außer an einer Stelle, da ist sie dünner. Diese dünne Stelle ist quasi unser elektrischer Widerstand. Das Wasser kann in der ganzen Röhre schön gleichmäßig und ungehindert fließen. Außer eben an der dünnen Stelle. Da muss sich das Wasser mehr „anstrengen". Darum ist die Strömung dort stärker, das Wasser verwirbelt vielleicht ein bisschen und hat an der Stelle mehr Energie.
Und genauso ist das beim elektrischen Strom, der auf einen starken Widerstand trifft. Darum entsteht an der Stelle von einem elektrischen Widerstand Wärme. Ein einfaches Beispiel hierfür ist eine Glühlampe. Keine sogenannte Energiesparlampe, sondern eine „echte" Glühlampe. In einer Glühlampe ist ein sehr dünner, gewendelter Draht aus Wolfram gespannt. Der heißt: Glühwendel. Der Strom fließt durch die Glühwendel, aber dieser Draht ist viel dünner als ein normales Stromkabel. Darum bildet die Glühwendel einen Widerstand in einem Stromkreis. Der Strom „muss" diesen Widerstand überwinden. Dabei entsteht so viel Wärme in dem dünnen Draht aus Wolfram, dass er zu glühen anfängt. Dadurch strahlt er Licht ab. Wenn aber zu viel Strom durch die Glühwendel fließen würde, dann würde sie schmelzen und kaputt gehen.

## 4.5 Kunststoffschweißen

In Betrieben für Metallbau verarbeitet man manchmal auch Kunststoffe. Zum Beispiel beim Bau von Fenstern, Türen oder verglasten Fassaden. Meistens verbindet man die Stöße von den Profilen durch Schweißen. Denn dann ist die Verbindung dicht. Es können kein Wind, kein Wasser und kein Dampf hindurch. Die Verbindung hält auch viel länger als zum Beispiel eine Klebeverbindung.
Sehr häufig kommt Kunststoffschweißen bei Verpackungen aus Folie vor, zum Beispiel bei Verpackungen von Lebensmitteln.
Es gibt sehr viele verschiedene Kunststoffe. Sie unterscheiden sich in vielen Dingen:

- Anwendung
- Zusammensetzung
- mechanische Eigenschaften wie Elastizität, Härte und Zähigkeit
- Schweißbarkeit

Man unterteilt Kunststoffe in drei große Gruppen: **Duroplaste**, **Elastomere** und **Thermoplaste**. Von diesen Gruppen sind nur Thermoplaste schweißbar. Das Wort „Thermoplast" kommt aus dem Griechischen und heißt „warm verformbar". Weil Thermoplaste warm verformbar sind, lassen sie sich auch schweißen. Aber in den meisten Fällen lassen sich nur Teile miteinander verschweißen, die aus dem gleichen Kunststoff bestehen.

Wenn man Thermoplaste erwärmt, ändert sich ihre Struktur ein bisschen (Bild 1). Man kann Thermoplaste mit zusätzlichem Druck schweißen, wenn das Material plastisch ist. Das heißt: **plastifiziert**. Durch den Druck verbinden sich die Fadenmoleküle von den beiden Schweißteilen.

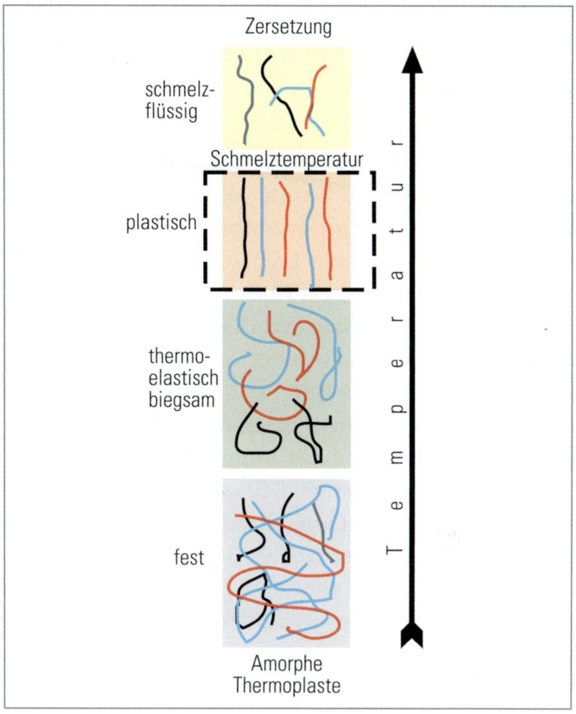


**1**: Schmelzschweißen von Thermoplasten

| Schweißverfahren | Plastifizieren durch | vorwiegend verwendete Stoßarten |
|---|---|---|
| Warmgasschweißen | Erwärmen im Warmgasstrom (Handgerät oder Automat) |  Stumpfstoß, T-Stoß, Überlappungsstoß |
| Direktes Heizelementschweißen | Erwärmen durch Heizelemente zwischen den Fügeteilen |  Stumpfstoß, Überlappungsstoß (auch bei Folien) |
| Indirektes Heizelementschweißen | Erwärmen durch Heizelemente auf einen oder auf beiden Außenflächen | 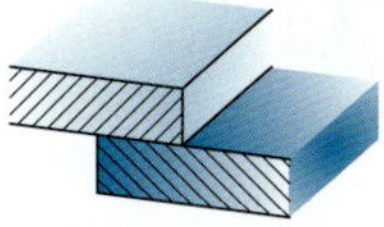 Überlappungsstoß bei Folien |

**2**: Schweißverfahren für Kunststoffe

Es gibt einige Verfahren zum Schweißen von Kunststoffen. Aber es eignet sich nicht jedes Verfahren für jede Stoßart (Bild 2, Seite 33).
Das Schweißen von Kunststoffen läuft in drei Phasen ab:

- Plastifizieren von den Verbindungsflächen
- Fügen unter Druck
- Halten, bis der Werkstoff erstarrt ist

**Warmgasschweißen**
Für das Warmgasschweißen braucht man ein spezielles Gerät. Solche Geräte gibt es für das Arbeiten von Hand und für das automatisierte Arbeiten. Das Gerät erwärmt die Luft und leitet sie auf die Schweißstelle (Bild 1). Außerdem braucht man noch einen **Schweißzusatz**. Diesen Schweißzusatz gibt es in harter Ausführung (als Stab) und in weicher Ausführung (als Band oder Schnur).
Man muss den Schweißzusatz **senkrecht** in die Fuge drücken, wenn das Material plastifiziert ist. Wenn man den Schweißzusatz nicht senkrecht aufdrückt, kann die Qualität von der Schweißnaht schlecht werden. Der Schweißzusatz ist meistens aus dem gleichen Material wie das Werkstück. Mit diesem Verfahren lassen sich Formteile aus Kunststoff miteinander verbinden.
Man benutzt dieses Verfahren zum Beispiel für das Schweißen von Fußbodenbelägen und für die Herstellung von Behältern im Apparatebau.

**Direktes Heizelementschweißen**
Für dieses Verfahren (Bild 2) gibt es Geräte mit einem speziellen Heizelement. Sie drücken die Teile, die Sie verbinden wollen, gegen das Heizelement (Schritt a). Dadurch plastifiziert die Kontaktstelle. Danach entfernen Sie schnell das Heizelement (Schritt b) und pressen die Werkstücke zusammen. Danach kühlt das verbundene Werkstück aus (Schritt c).

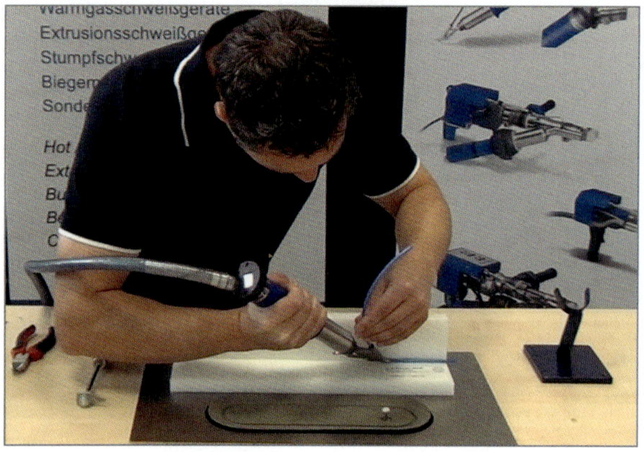
1: Warmgasschweißen

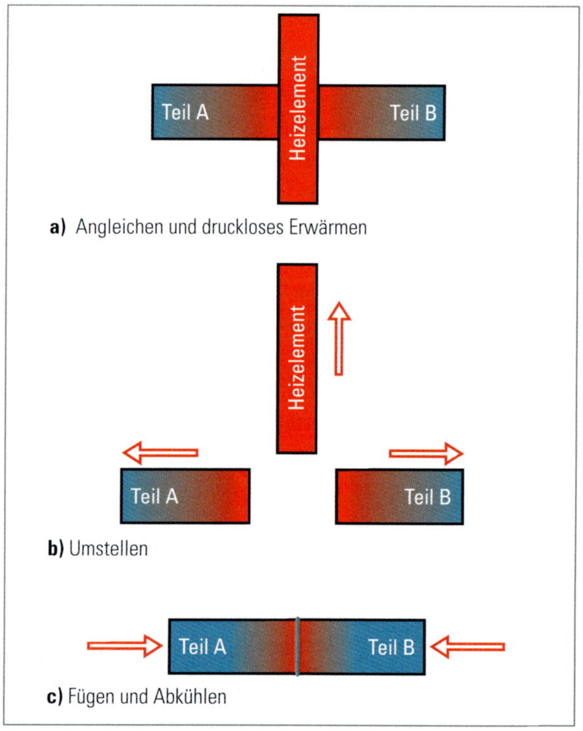

2: Heizelementschweißen

## Exkurs: Atome und Moleküle

Metalle bilden mit ihren Atomen ein sogenanntes **Kristallgitter**. Die Struktur von einem solchen Kristallgitter ist regelmäßig. Man könnte mit einem Mikroskop an einem Werkstück überall die gleichen „Muster" wiedererkennen. Das heißt: **kristallin**.
Das Gegenteil von „kristallin" ist „amorph". Die meisten Kunststoffe sind **amorph**. Kunststoffe haben nämlich eine ganz andere Molekül-Struktur als Metalle. Die Struktur sieht wirr und unregelmäßig aus. Das kann man mit einem Mikroskop sehen.
Ein Molekül ist ein Zusammenschluss von mehreren Atomen. Atome und Moleküle sind also das, woraus alles besteht. Ein einfaches Beispiel für ein Molekül ist $H_2O$. Das ist das chemische Zeichen für Wasser: Ein Wassermolekül besteht aus zwei Atomen Wasserstoff (H) und einem Atom Sauerstoff (O). Die Moleküle von Kunststoffen sind meistens überhaupt nicht einfach. Sie bestehen aus sogenannten Makromolekülen. „Makro" kommt auch

aus dem Griechischen und heißt „groß". Das heißt: Die Moleküle von Kunststoffen bestehen aus sehr vielen Atomen. Ein großer Teil davon ist Kohlenstoff. Die einzelnen Moleküle sind sehr lang, sie heißen: **Fadenmoleküle**. Darum sind Kunststoffe auch so stabil. Im Gegenteil zu natürlichen Stoffen können sie sich darum auch nur so schlecht wieder auflösen. Und kommen als kleine Teilchen ins Wasser, in die Luft und in den Boden.

Für das Verschweißen von Folien gibt es Geräte mit einem speziellen Heizkeil. Solche Geräte gibt es auch für das Arbeiten von Hand und für das automatisierte Arbeiten (Bild 1a und 1b). Das Gerät für das Folienschweißen von Hand hat einen beweglichen Heizkeil (Bild 1a). Dieser Heizkeil plastifiziert die Folien. Sie bewegen den Heizkeil zwischen den Folien entlang und folgen ihm mit der Rolle. Der Druck zwischen der Rolle und der Unterlage verschweißt die Folien mit einer schmalen Schweißnaht.
Bei dem Gerät für das maschinelle Verfahren ist der Heizkeil nicht beweglich. Er plastifiziert beide Folien gleichzeitig. Dieses Gerät hat eine zweite Rolle statt einer Unterlage (Bild 1b). Die beiden Rollen ziehen die Folien über den Heizkeil und pressen die plastifizierten Folien dann zusammen.

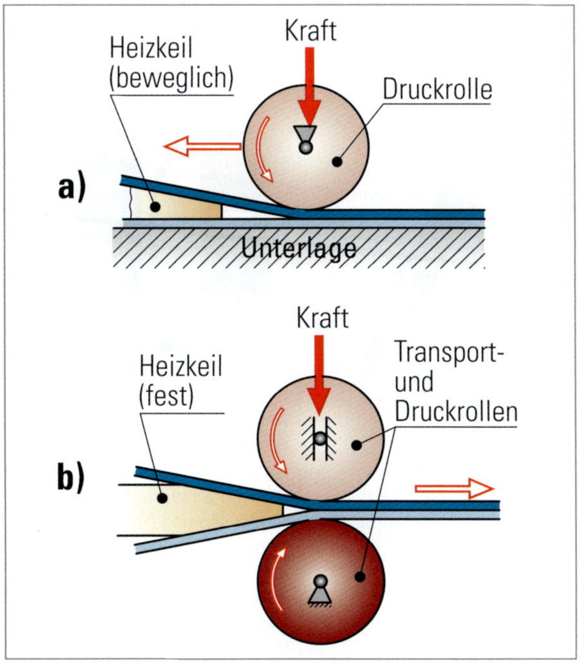


**1:** Heizkeil-Folienschweißen

Man benutzt dieses Verfahren zum Beispiel für die Herstellung von Kunststofffenstern, Platten, Rohren und dickeren Folien.

**Indirektes Heizelementschweißen**
Mit diesem Verfahren kann man dünne Folien verschweißen, die bis zu 0,4 mm dick sind. Das Heizband erwärmt die Folien und die zwei Stempel pressen sie zusammen (Bild 2). Das Heizband wärmt dabei aber nur von der einen Seite. Weil sich dabei die eine Folienseite stärker erwärmt, ist die Wärmeverteilung ungünstig. Die Folien können sich dabei wellen und verkrumpeln.
Man benutzt dieses Verfahren zum Beispiel für das Schweißen von Plastikbeuteln und Müllsäcken.

## Übungen

1. Erklären Sie die Unterschiede zwischen dem Metallschweißen und dem Kunststoffschweißen.
2. Welche Kunststoffe sind schweißbar?
3. Beschreiben Sie ein Verfahren zum Kunststoffschweißen.
4. Welche Schweißverfahren eignen sich zum Schweißen von Folien?
5. Erklären Sie den Unterschied zwischen dem direkten und dem indirekten Heizelementschweißen.

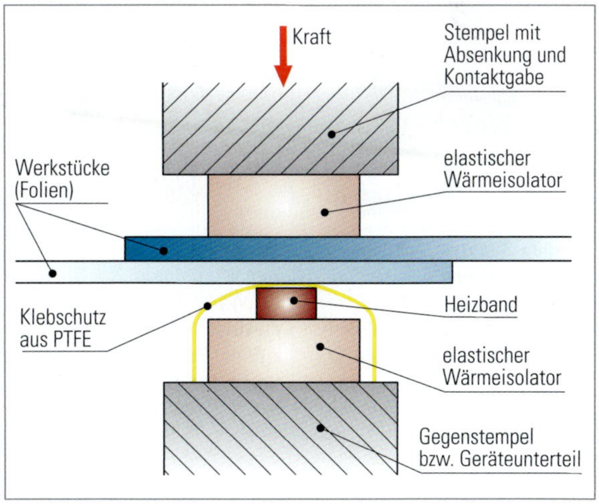


**2:** Indirektes Heizelementschweißen

# 5 Löten

Das Löten ist eine sehr alte Technik. Menschen haben schon vor einigen tausend Jahren Goldschmuck verlötet. Löten eignet sich zum Fügen von Metallteilen. Es ist ein thermisches Verfahren. Das heißt, dass Sie dabei mit Wärme arbeiten.
Im Metallbau kommt das Löten allerdings viel seltener vor als das Schweißen.

**Beispiele**

- Elektrotechnik
- Dachrinnen
- Rohrleitungen aus Kupfer oder Edelstahl
- Fahrzeugbau
- Verarbeitung von Buntmetall wie Messing, Bronze oder Kupfer
- Maschinenbau und Werkzeugbau

Sie haben schon etwas über die Unterscheidung von **Kohäsionskraft** und **Adhäsionskraft** gelernt. Damit das Löten gut „funktioniert", müssen beide Kräfte wirken können. Das Lot muss also gut am Werkstück halten. Das ist die Adhäsionskraft. Und das Lot muss in sich fest genug sein. Das ist die Kohäsionskraft.

Beim Löten schmelzen Sie aber nicht den Werkstoff vom Werkstück, sondern das **Lot**. Es gibt verschiedene Techniken beim Löten. Bei allen Techniken gibt es Gemeinsamkeiten:

- Sie brauchen einen Zusatzwerkstoff. Das ist das Lot. Das Lot schmilzt bei einer niedrigeren Temperatur als der Werkstoff vom Werkstück.
- Das Lot muss gut fließen können. Dafür müssen Sie vorher Flussmittel auf die Lötstelle aufbringen.

Man unterscheidet grundsätzlich diese Verfahren:

- Weichlöten (bis 450 °C)
- Hartlöten (über 450 °C)

Das Lot wird durch die Wärme flüssig. Es fließt durch das Flussmittel in den feinen Spalt zwischen den Teilen. Das heißt: **benetzen**. Es muss danach gleichmäßig an der ganzen Lötstelle verteilt sein. Das Flussmittel löst beim Erwärmen außerdem die Oxidschicht auf der Oberfläche vom Werkstück auf. Ein Oxid entsteht, wenn ein Stoff mit Sauerstoff reagiert. Rost ist das bekannteste Metalloxid.

**Merke**

Beim Löten verbinden Sie Teile durch das Lot als Zusatzwerkstoff. Das Lot schmilzt bei niedrigeren Temperaturen als das Werkstück. Nach dem Erkalten entsteht eine **starre**, **unlösbare** und **stoffschlüssige Verbindung**.

|  |  |  | 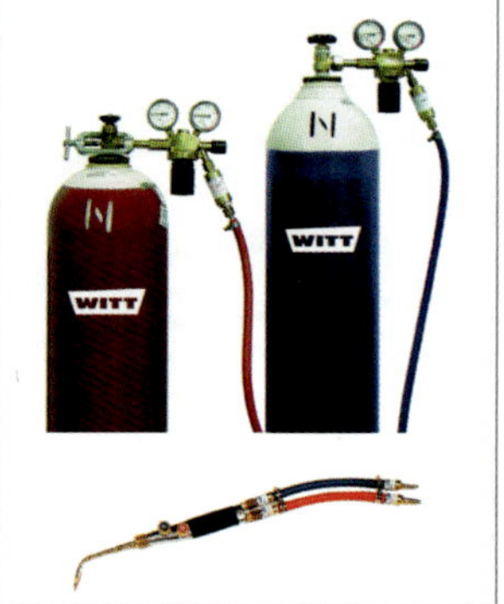 |
|---|---|---|---|
| **Propan-Sauerstoff-Brenner zum Weichlöten**<br>Je nach Brenner und Einstellung liegt die Flammentemperatur zwischen 1200 °C und 2000 °C.<br>Geeignet z. B. zum Löten von Rohrverbindungen. | **Hammerlötkolben zum Weichlöten**<br>Als Wärmequelle dienen elektrische Energie oder z. B. ein Propan-Luft-Brenner. Geeignet z. B. für Blecharbeiten. | **Elektrolötkolben zum Weichlöten**<br>Vielseitig einsetzbar, 30 W Nennleistung, 380 °C maximale Löttemperatur. | **Acetylen-Sauerstoff-Brenner zum Hartlöten**<br>Für diese Anlage sind Acetylen- und Sauerstoffflaschen, Schläuche und Brenner erforderlich.<br>Zum Löten wird eine Mehrlochdüse verwendet, mit der eine bessere Wärmeverteilung am Werkstück erreicht wird. |

**1:** Wärmequellen zum Löten

Weil nur das Lot schmilzt, können Sie Stoffe mit unterschiedlichen Schmelzpunkten miteinander verlöten. Beim Schweißen geht das nicht.

Es gibt zum Löten unterschiedliche Wärmequellen (Bild 1, Seite 36). Beim Löten muss alles zusammenpassen: das Lot, die Wärmequelle, der Werkstoff und das Flussmittel. Im Tabellenbuch finden Sie Angaben zu verschiedenen Loten und Flussmitteln.

Als Beispiel lernen Sie hier etwas über das Löten mit dem Brenner, den Sie schon beim Autogenschweißen kennengelernt haben. Weil das Lot bei dieser Art zu löten erst bei Temperaturen über 450 °C schmilzt, heißt es: **Hartlöten**. Sie bestreichen die Teile an der Lötstelle mit dem Flussmittel und setzen sie zusammen. Dann erwärmen Sie die Lötstelle, bis das Flussmittel blubbert, und tupfen dann das Lot auf. Wenn die ganze Lötstelle mit Lot benetzt ist, beenden Sie das Wärmen. Das Lot hat dann an der Oberfläche vom Werkstück eine Legierung gebildet (Bild 1).

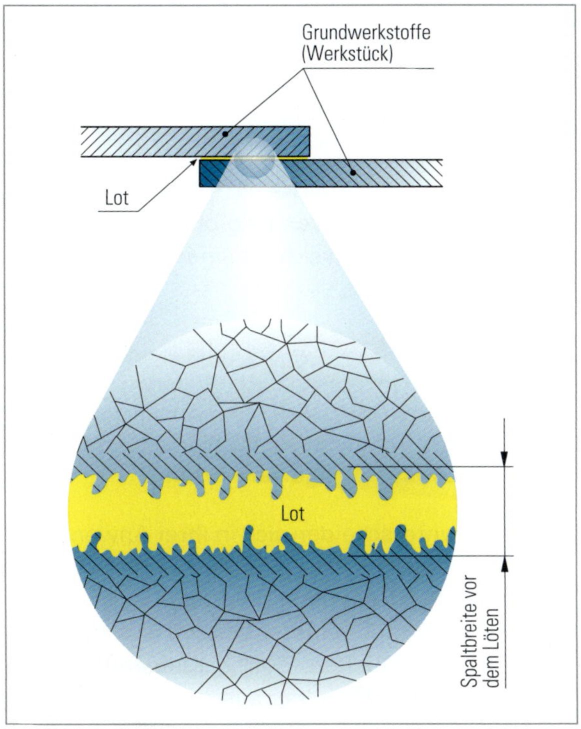


**1:** Bildung von einer Legierung beim Löten

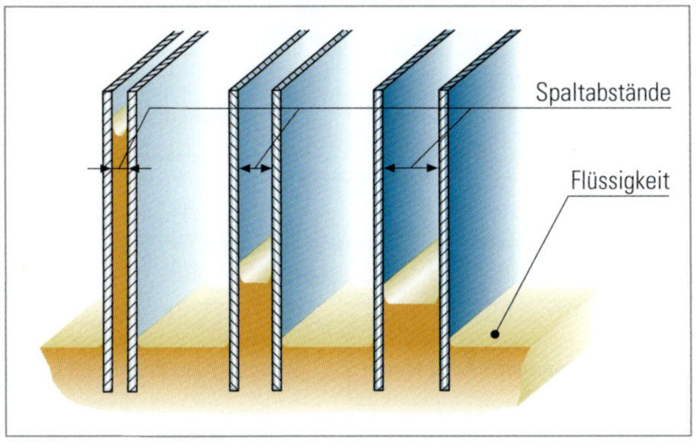


**2:** Kapillarwirkung

**Merke**

Je größer die Kontaktfläche zwischen den Bauteilen ist, desto stärker ist die Lötverbindung belastbar.

Sie müssen das Werkstück vor dem Löten gut vorbereiten. Das Werkstück muss sauber sein, also ohne Staub und Fett. Staub und anderen Schmutz entfernen Sie durch Schleifen oder Bürsten. Öl oder Fett entfernen Sie zum Beispiel mit einem Lappen und Verdünnung. Außerdem sollte es möglichst keine Oxidschicht mehr haben. An Metalloxid kann das Lot nicht halten. Der Spalt zwischen den Teilen sollte außerdem möglichst klein sein. Allerdings dürfen die Teile auch nicht so fest aufeinandersitzen, dass gar kein Spalt mehr da ist. Je kleiner der Spalt ist, desto besser kann das Lot hineinfließen (Bild 2). Das hat mit der **Kapillarwirkung** zu tun. Die Kapillarwirkung ist ein Phänomen aus der Physik. Flüssigkeiten werden durch die Kapillarkraft in enge Spalten oder andere enge Hohlräume „gesaugt". Dieses Phänomen begegnet Ihnen häufig im Alltag: Der Docht von einer Kerze oder ein Spülschwamm saugen sich dadurch mit Flüssigkeit voll.

## Werkstatthinweise

- Tragen Sie beim Löten eine dunkle Brille, die dazu geeignet ist. Am besten eine richtige Schweißbrille. Eine Sonnenbrille reicht nicht. Die Flamme ist sehr hell, genau wie beim Autogenschweißen. Sie erkennen den Vorgang an der Lötstelle ohne Brille kaum.
- Die Dämpfe, die beim Löten entstehen, sind teilweise sehr ungesund. Benutzen Sie eine Absauganlage oder sorgen Sie für eine gute Lüftung.
- Tragen Sie feuerfeste Kleidung.
- Arbeiten Sie nie so, dass die Lötstelle direkt über Ihrem Kopf ist. Das flüssige Lot kann heruntertropfen.

- Flussmittel sind teilweise stark ätzend. Seien Sie vorsichtig bei der Arbeit mit dem Flussmittel und schützen Sie Ihre Haut, wenn Sie es auftragen. Entfernen Sie nach dem Löten die Reste vom Flussmittel.

Eigentlich entsteht durch das Löten eine **unlösbare Verbindung**. Sie können so eine Verbindung aber auch wieder lösen, zum Beispiel um die Verbindung zu korrigieren. Dafür können Sie das Lot mit dem Brenner aufschmelzen und die Teile wieder auseinandernehmen. Das ist aber aufwendiger, als es scheint. Denn Sie müssen zuerst die ganzen Reste vom Lot von allen Teilen entfernen. Erst dann können Sie sie wieder miteinander verlöten. Darum kann man sagen: Das Löten ist eine bedingt lösbare Verbindung.

Zum **Weichlöten** erwärmt man die Lötstelle mit einem Lötkolben. Das Lot schmilzt schon bei niedrigeren Temperaturen. Dieses Verfahren kommt allerdings im Metallbau nur sehr selten vor, eher bei Dachdeckern und Spenglern. Weichgelötete Verbindungen sind weniger belastbar. Und die Lötstelle ist nicht besonders hitzefest.

**Vorteile vom Löten:**

- Alle festen Metalle lassen sich durch Löten fügen.
- Die Temperatur ist beim Löten niedriger als beim Schweißen. Dadurch verzieht sich das Werkstück weniger. Außerdem verändern sich die Eigenschaften vom Werkstoff weniger.
- Lötverbindungen sind wasserdicht und gasdicht.
- Lötverbindungen leiten elektrischen Strom.

**Nachteile vom Löten:**

- Lötverbindungen sind nicht so fest wie Schweißverbindungen.
- Lötverbindungen oxidieren relativ schnell. Besonders, wenn man unterschiedliche Werkstoffe miteinander verlötet. Ein anderer Grund dafür ist, dass manchmal Reste vom Flussmittel am Werkstück bleiben und es chemisch angreifen.
- Die Werkstücke müssen vor dem Fügen sehr genau vorbereitet sein, weil der Lötspalt nicht zu klein und nicht zu groß sein darf.
- Man braucht fast immer Flussmittel.
- Bei einer zu kleinen Kontaktfläche zwischen den Bauteilen kann keine zuverlässige Verbindung entstehen.

**Übungen**

1. Welche Lötverfahren unterscheidet man?
2. Wie sollen Sie die Teile vor dem Löten vorbereiten?
3. Warum soll der Spalt zwischen den Teilen möglichst klein sein?

# 6 Kleben

Im Metallbau kommen auch schon mal Verbindungen durch **Kleben** vor. Es gibt unterschiedliche **Klebstoffe**. Sie eignen sich für verschiedene Aufgaben und Werkstoffe.

**Merke**

Beim Kleben können Sie Teile aus unterschiedlichem Material mit Klebstoff miteinander verbinden. Nach dem Aushärten vom Klebstoff entsteht eine **starre**, **unlösbare** und **stoffschlüssige Verbindung**.

Klebstoffe unterscheiden sich in ihrer Anwendung, ihrem Zustand vor dem Benutzen und für welche Werkstoffe sie sich eignen (Bild 1).

In einem **Einkomponenten-Klebstoff** ist schon alles Erforderliche enthalten. Solche Klebstoffe härten nach dem Auftragen selber aus.

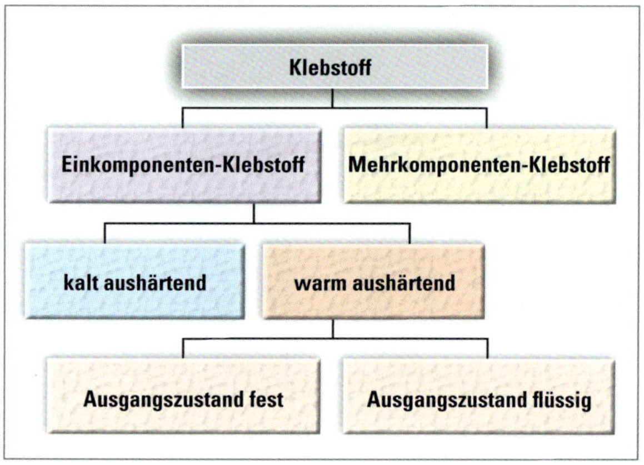


**1**: Einteilung von Klebstoffen

Das Aushärten passiert dadurch:

- Verdampfen vom Lösemittel
- Wärme
- UV-Licht
- Luftfeuchtigkeit

Einen **Mehrkomponenten-Klebstoff** müssen Sie vor dem Auftragen in einem bestimmten Verhältnis anmischen. Die einzelnen Bestandteile sind vorher in gesonderten Behältern, weil der Klebstoff sonst schon „in der Tube" aushärten würde. Die einzelnen Komponenten sind das klebende **Harz** und der **Härter**. Der Härter bewirkt das Aushärten. Solche Klebstoffe müssen Sie nach dem Anmischen rasch verarbeiten. Ein bekanntes Beispiel hierfür ist der Klebedübel, mit dem man Bauteile an der Wand befestigt. Klebedübel sind kleine geschlossene Glaskolben. Im äußeren Glaskolben ist die eine Komponente. Darin liegt noch ein dünnerer Glaskolben mit der anderen Komponente. Der Klebedübel kommt ins Bohrloch und dann wird das Bauteil mit einer Gewindestange angeschraubt. Durch das Eindrehen von der Gewindestange gehen beide Glaskolben kaputt und die Komponenten vermischen sich.

**Kaltklebstoffe** härten bei Zimmertemperatur aus. Das Aushärten kann unterschiedlich lange dauern. Man unterscheidet zwei verschiedene Arten **Warmklebstoffe**. Die eine Art braucht Wärme zum Aushärten. Manchmal auch zusätzlich noch Druck. Die andere Art muss erst durch Wärme flüssig werden, um ihn zu verwenden. Das bekannteste Beispiel hierfür ist die Heißklebepistole.

Damit ein Klebstoff gut „funktioniert", müssen **Kohäsionskraft** und **Adhäsionskraft** wirken. Genau wie beim Löten. Der Klebstoff muss also gut am Werkstück halten können. Das ist die Adhäsion. Und der Klebstoff muss in sich fest genug sein. Das ist die Kohäsion.

Damit ein Klebstoff am Werkstück hält, muss es gut vorbereitet sein. Es sollte sauber sein, also ohne Staub, Fett und Oxidschichten. Genau wie beim Löten. An Verschmutzungen kann der Klebstoff nicht halten. Außerdem sollte die Klebestelle am Werkstück nicht zu glatt sein. Wenn die Stelle etwas aufgeraut ist, kann der Klebstoff eine größere Fläche benetzen (Bild 1, Seite 7).

Klebstoffe können außerdem unterschiedlich flüssig sein. Es gibt solche, die fast so flüssig sind wie Wasser. Und es gibt solche, die wie eine Paste sind. Das heißt: **Viskosität**. Sehr flüssige Klebstoffe haben eine niedrige Viskosität. Sehr pastenartige Klebstoffe haben eine hohe Viskosität. Klebstoffe mit einer niedrigen Viskosität können die Klebestelle besser benetzen (Bild 2, Seite 7).

Klebstoff tragen Sie immer möglichst dünn auf. Je nachdem, welche Art Klebstoff Sie benutzen, müssen Sie ihn entweder auf beiden Teilen oder nur auf einem Teil auftragen. Die Klebefläche sollte möglichst groß sein, damit die Klebeverbindung hält.

**Vorteile vom Kleben:**

- Sie können damit unterschiedliche Materialien miteinander verbinden.
- Sie können damit sehr dünne Materialien verbinden.
- Das zusätzliche Gewicht ist sehr gering.
- Das Gefüge vom Werkstück verändert sich nicht. Ganz im Gegensatz zum Löten oder Schweißen.
- Es sind keine zusätzlichen Teile wie Schrauben oder Stifte zum Verbinden nötig.
- Der Querschnitt vom Werkstück bleibt gleich.
- Das Werkstück verzieht sich nicht.
- Es ist eine preisgünstige und schnelle Arbeitsweise.

**Nachteile vom Kleben:**

- Das Aushärten dauert teilweise sehr lange.
- Sie müssen die Oberflächen von den Teilen teilweise aufwendig vorbereiten.
- Manche Klebstoffe haften bei Wärmeeinfluss nicht mehr gut.
- Klebeverbindungen sind nicht so dauerhaft wie andere Fügetechniken.
- Klebeverbindungen sind nicht für alle Belastungen geeignet.
- Man braucht eine größere Verbindungsfläche als beim Schweißen oder Löten.

## Werkstatthinweise

- Halten Sie den Arbeitsplatz beim Kleben sauber.
- Einige Klebstoffe enthalten Lösemittel. Die meisten Lösemittel sind gesundheitsschädlich. Arbeiten Sie mit einer Absaugung oder lüften Sie Ihren Arbeitsplatz gut. Außerdem sind einige

Lösemittel leicht entzündlich. Sie dürfen in der Nähe also nicht schweißen, löten oder rauchen.

- Klebstoffe sind Chemikalien, die teils giftig und schädlich sind. Schützen Sie die Augen, Haut und Atemorgane beim Kleben. Beim Kleben dürfen Sie darum nicht essen oder trinken.
- Chemikalien wie Klebstoffe müssen Sie fachgerecht entsorgen. Klebstoffe dürfen nicht ins Abwasser kommen.

### Übungen

1. Welche Werkstoffe können Sie durch Kleben verbinden?
2. Was müssen Sie vor dem Kleben und beim Kleben beachten?
   - Wie müssen Sie die Klebeflächen vorbereiten?
   - Was müssen Sie bei der Auswahl vom Klebstoff beachten?
   - Was müssen Sie beim Kleben beachten, dass keine Gefahr für Sie und andere entsteht?

# 7 Schraubverbindungen

**Schrauben** begegnen Ihnen ständig bei der Arbeit und außerdem überall im Alltag. Aber Schraube ist nicht gleich Schraube. Schrauben unterscheiden sich in ihrer Form, ihrer Größe, ihrem Material, ihrer Oberfläche und in ihrer Verwendung.
Alle Schrauben bestehen aus einem Kopf und einem Schaft. Auf dem Schaft ist immer ein **Gewinde**. Und zwar ein sogenanntes **Außengewinde**. Oft benutzt man Schrauben zusammen mit Muttern. Muttern haben ein **Innengewinde**.
Die Form von einem Schraubenkopf heißt: Profil. Für jedes Profil gibt es passende Schraubwerkzeuge. Das Schraubwerkzeug heißt: **Antrieb**. Hier lernen Sie etwas über die häufigsten Schraubenarten. Daneben gibt es noch viele andere für seltene oder sehr spezielle Anwendungen.

**Merke**
Mit Schrauben können Sie Teile aus unterschiedlichem Material miteinander verbinden. Meistens entsteht eine **starre**, **lösbare** und **kraftschlüssige Verbindung**.

Schrauben gibt es aus verschiedenen Materialien. Die meisten sind aus Metall, es gibt aber auch Schrauben aus Kunststoff. Daher müssen Sie immer überlegen, woraus die Schraube hergestellt sein muss. Wenn das fertige Bauteil draußen montiert wird, müssen Sie zum Beispiel verzinkte Schrauben wählen. Wenn Regenwasser darauf stehen könnte, am besten sogar Schrauben aus Edelstahl. Schrauben aus Edelstahl erkennen Sie daran, dass auf ihrem Kopf „A2" oder „A4" steht.

**Vorteile vom Schrauben:**

- Die Schrauben lassen sich mehrmals verwenden, wenn man die Verbindung ordentlich und richtig gemacht hat, wenn Schraube und Mutter nicht beschädigt sind und man keine Schraubensicherung (siehe Seite 45) verwendet hat.
- Die meisten Schraubverbindungen sind lösbar. Dadurch lassen sich Verbindungen korrigieren. Oder es ist möglich, die Verbindung für verschiedene Einstellungen zu nutzen. Oder sie eignen sich für Stellen, die man häufig öffnen und schließen muss.

**Nachteile vom Schrauben:**

- Die meisten Schraubverbindungen lassen sich relativ leicht lösen. Das schützt nur schlecht davor, dass Unbefugte sie öffnen oder lösen.
- Schraubverbindungen brauchen immer eine Überlappung von den Bauteilen. Dadurch sind sie meistens schwerer als zum Beispiel Schweißverbindungen.

## 7.1 Schrauben mit metrischem Gewinde

Im Metallbau kommen am häufigsten verschiedene Schrauben mit **metrischem Spitzgewinde** vor. Diese Schrauben heißen auch: **Maschinenschrauben**. Das metrische Gewinde sieht bei allen Größen von 1 mm bis 68 mm Durchmesser gleich aus. Es ist **genormt**. Zu diesen Schrauben gibt es passende **Muttern**. Die Muttern sind also auch genormt.
Bei Schrauben gibt es verschiedene Maße, die ihre Größe zeigen (Bild 1, Seite 41). Schrauben unterscheiden sich in ihrer Länge und auch in ihrem

Durchmesser. Die Länge und der Durchmesser werden immer in Millimetern angegeben. Außerdem unterscheiden sie sich in ihrem **Flankenwinkel**. Bei metrischen Schrauben mit ISO-Gewinde beträgt der Flankenwinkel immer 60°. Egal, welchen Durchmesser sie haben. ISO ist eine Abkürzung für „Internationale Organisation für Normung". Diese Organisation legt Werte für viele technische Bereiche fest.
Metrische Schrauben haben in ihrer Bezeichnung immer ein „M" und dann eine Zahl. Die Zahl gibt den Außendurchmesser an.
Schrauben mit metrischem Gewinde benutzen Sie auf zwei verschiedene Arten:

- Schraube und Mutter pressen die Teile aneinander.
- Im Werkstück ist eine Bohrung mit einem Innengewinde. Sie drehen die Schraube in das Gewinde und pressen so ein anderes Teil daran fest.

Schrauben wirken hauptsächlich **kraftschlüssig**. Sie pressen die Bauteile so fest aneinander, dass sie sich durch die Reibung nicht mehr bewegen können. Aber Schrauben wirken auch formschlüssig. Wenn das Außengewinde oder das Innengewinde beschädigt ist, können die Gewindeprofile nicht mehr richtig ineinandergreifen. Dann kann auch keine kraftschlüssige Verbindung entstehen.

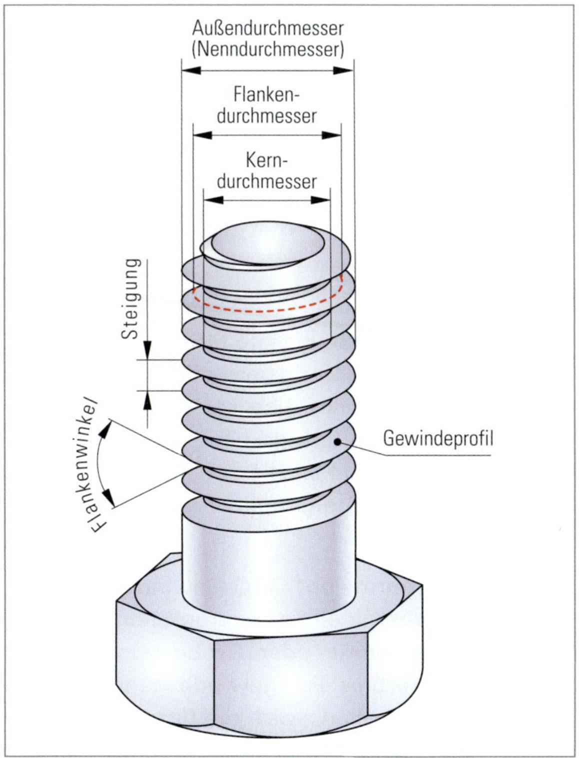


**1:** Bezeichnung von Maßen an Schrauben

## Exkurs: Theoretisches Wissen über Schrauben

**Das Schraubengewinde**
Alle Schrauben haben eine Gemeinsamkeit: Sie haben ein Schraubengewinde. Schraubengewinde können aber sehr unterschiedlich aussehen. Sie können sich darin unterscheiden:

- Gewinderichtung
- Gewindeprofil
- Gewindesteigung

Die meisten Schrauben haben ein sogenanntes Rechtsgewinde. Eine Schraube drehen Sie im Uhrzeigersinn ein. Muttern schrauben Sie auch im Uhrzeigersinn drauf. Das ist so, wie einen Deckel auf eine Trinkflasche zu drehen. Manchmal läuft das Gewinde aber auch andersherum. Das heißt: Linksgewinde. Linksgewinde kommen viel seltener vor. Sie finden sie zum Beispiel hier:

- An Propan-Gasflaschen. Dadurch kann man nicht versehentlich die Propan-Gasflasche an ein Schutzgasschweißgerät anschließen.
- An Spannschlössern. Solche Mittel zum Spannen von Drahtseilen haben an beiden Enden Gewinde: ein Rechtsgewinde und ein Linksgewinde. Beim Drehen am Mittelteil dreht man die Schrauben an beiden Seiten gleichzeitig rein oder raus (Bild 2).
- An der linken Scheibe vom Schleifbock. Dadurch kann sich die Mutter beim Drehen von der Schleifscheibe nicht lösen.

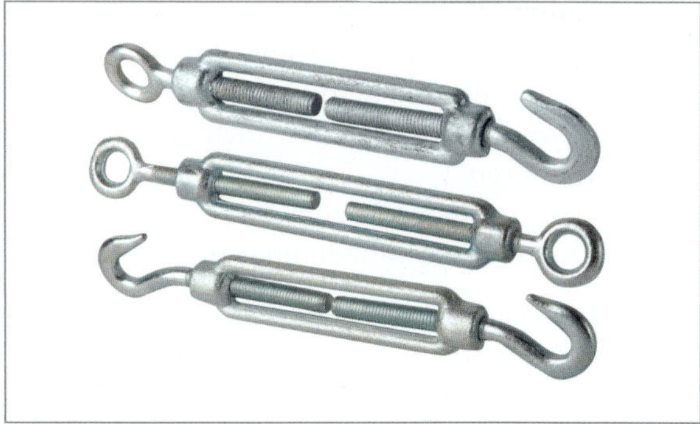

**2:** Spannschlösser mit Rechts- und Linksgewinde

| Benennung | Profil | Kennbuchstaben | Anwendung |
|---|---|---|---|
| Metrisches ISO-Gewinde | 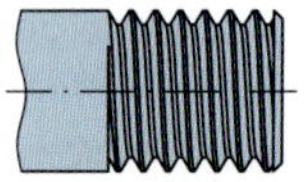 | M | Verschrauben mit Mutter oder mit zusätzlichem Innengewinde |
| Kegeliges Rohrgewinde | 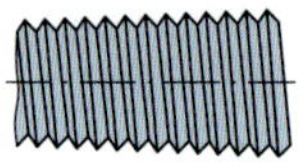 | R | Verbindungen von Rohren |
| Metrisches ISO-Trapezgewinde (ein- und mehrgängig) | 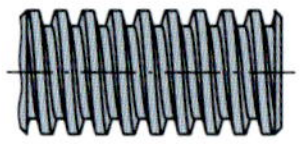 | Tr | Übertragung von Kräften oder Bewegungen an Maschinen |
| Blechschraubengewinde | 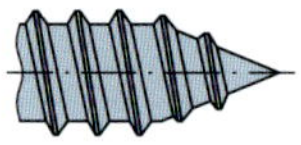 | ST | Verbinden von Blechteilen aneinander oder an dünnwandigen Rohren |
| Holzschraubengewinde | 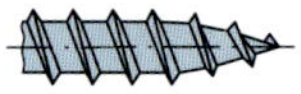 | – | Befestigen von Bauteilen an Holzteilen |
| Kegeliges Whitworth-gewinde | 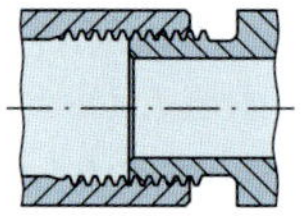 | W | britisches Schraubengewinde, Rohrgewinde |

**1:** Verschiedene Gewindeprofile

Natürlich muss die Mutter immer zur Schraube passen.
Schraubgewinde können außerdem unterschiedlich geformt sein. Diese Form heißt: **Gewindeprofil**. Die metrischen Spitzgewinde sehen von der Seite aus wie ein regelmäßiges Zickzack-Muster. Außerdem gibt es noch diese Gewindeprofile (Bild 1):

- Trapezgewinde, Sägengewinde und Kugelgewinde zum Bewegen von Maschinenteilen, zum Beispiel ein Reitstock an der Drehmaschine
- unempfindliche und leicht zu reinigende Rundgewinde, zum Beispiel für den Einsatz in der Lebensmittelindustrie
- Whitworth-Gewinde zum dichten Verbinden von Rohren
- Sondergewinde wie zum Beispiel die Gewinde von Blechschrauben oder Holzschrauben

Die metrischen ISO-Gewinde haben eine festgelegte Steigung. Die Steigung gibt ein Maß in Millimetern an, das zwischen zwei Spitzen vom Gewindeprofil ist.

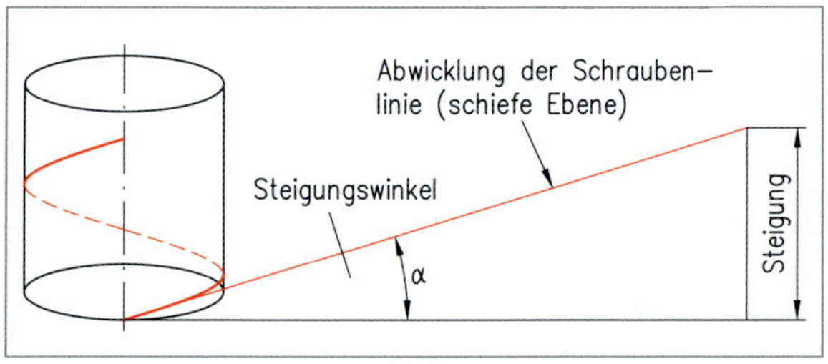


**2:** Steigung, Schraubenlinie und Abwicklung

Stellen Sie es sich so vor: Sie färben eine Umdrehung von einem Gewinde und rollen es parallel zu den Kästchen über ein Blatt kariertes Papier. Dadurch entsteht eine farbige Linie schräg über die Kästchen. Diese Linie ist die sogenannte **Abwicklung**. Sie zeigt den **Steigungswinkel α** vom Gewinde an (Bild 2).

Außer den „normalen" ISO-Gewinden gibt es noch Schrauben mit einer anderen Steigung. Zum Beispiel **Feingewinde** oder **Grobgewinde**. Wenn Sie ein eingefärbtes Feingewinde genauso über das Blatt Papier rollen, wäre die farbige Linie viel flacher (Bild 1, Seite 43). Der Steigungswinkel wäre also kleiner.

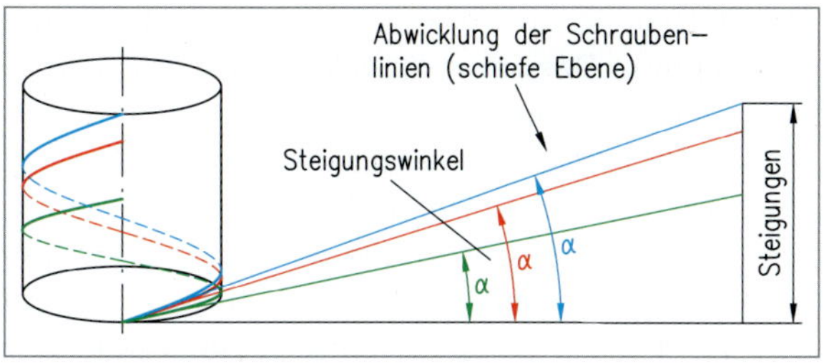


**1:** Steigungswinkel von Feingewinde und Grobgewinde

Beim Grobgewinde ist es genau umgekehrt (Bild 1). Schrauben mit Feingewinde können sich nicht so leicht von selber lösen.
Selten gibt es auch Gewinde, bei denen sich zwei oder mehr sogenannte **Gewindegänge** parallel um die Schraube „wickeln". Das gibt es an Maschinen, zum Beispiel an Weinpressen oder Druckerpressen. Im Alltag finden Sie das an Marmeladengläsern.

### Festigkeitswerte

Schrauben unterscheiden sich außerdem in ihrer Festigkeit. Auf Schraubenköpfen und auf Muttern finden Sie häufig Zahlen. Die Zahlen erklären, wie stark man eine Schraube auf Zug belasten darf. Einfach gesagt: wie viel Gewicht man an eine Schraube hängen darf, ohne dass etwas passiert.
Die Zahl besteht aus zwei Werten. Der erste Wert zeigt an, welche Zugkraft die Schraube mindestens aushalten muss, ohne abzureißen. Der zweite Wert zeigt an, welche Zugkraft die Schraube mindestens aushalten muss, ohne sich plastisch zu verformen. Diese Werte lassen sich mit bestimmten Formeln ausrechnen. Es gibt im Tabellenbuch Angaben zu den Festigkeitsklassen von Schrauben.

### Schraubenköpfe

Schrauben unterscheiden sich noch durch ein weiteres Merkmal: den Schraubenkopf (Bild 2). Nur wenige Schrauben haben keine Köpfe. Schrauben ohne Köpfe heißen: **Gewindestifte**. Gewindestifte pressen nicht zwei oder mehrere Bauteile zusammen. Sie halten stattdessen zum Beispiel Maschinenteile an der richtigen Position. Oder sie verhindern das Verdrehen oder Verrutschen von Teilen.

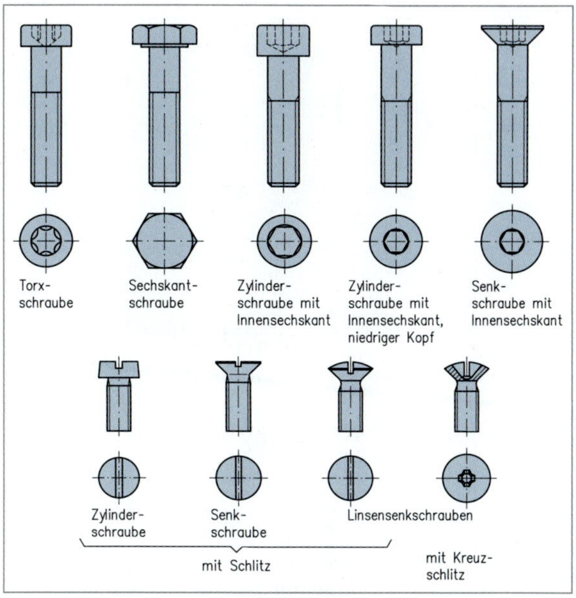


**2:** Verschiedene Schraubenköpfe

Hier geht es aber weiter um Schrauben mit Köpfen. Der Schraubenkopf dient zwei Dingen:

- Am Schraubenkopf setzen Sie das Werkzeug an, um die Schraube zu drehen. Das heißt: **antreiben**.
- Der Schraubenkopf presst die Bauteile von der einen Seite an.

Die Wahl vom Schraubenkopf kann von verschiedenen Dingen abhängig sein:

- Dürfen sich die Schraubenköpfe auf dem Werkstück drauf befinden? Manchmal müssen Sie eine versenkte Schraube nehmen, weil der Kopf nicht aus dem Werkstück herausstehen darf. Nur mit einer versenkten Schraube kann die Oberfläche vom Werkstück trotzdem eben bleiben (Bild 1 und 2, Seite 44).
- Wie viel Platz steht zur Verfügung? Es gibt Bauteile, bei denen die Schrauben sehr dicht nebeneinander stehen. Dann lassen sie sich nicht mit einem Maulschlüssel oder mit einer sogenannten „Ratsche" eindrehen.

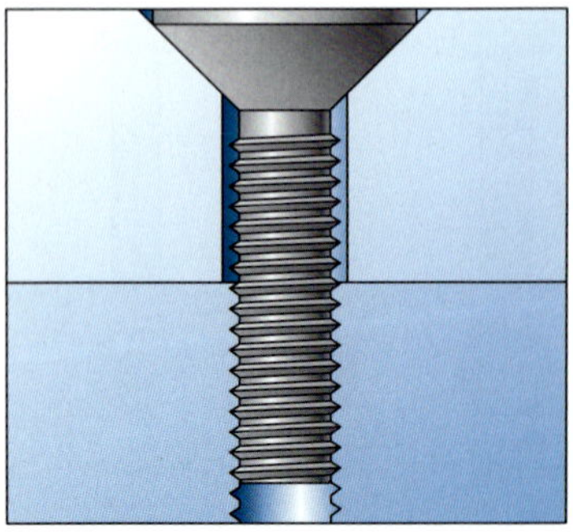

**1:** Versenkte Schraube mit kegelförmigem Kopf

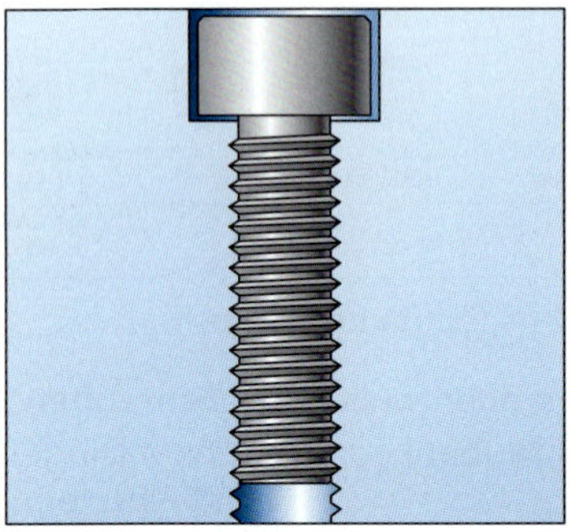

**2:** Versenkte Schraube mit zylindrischem Kopf

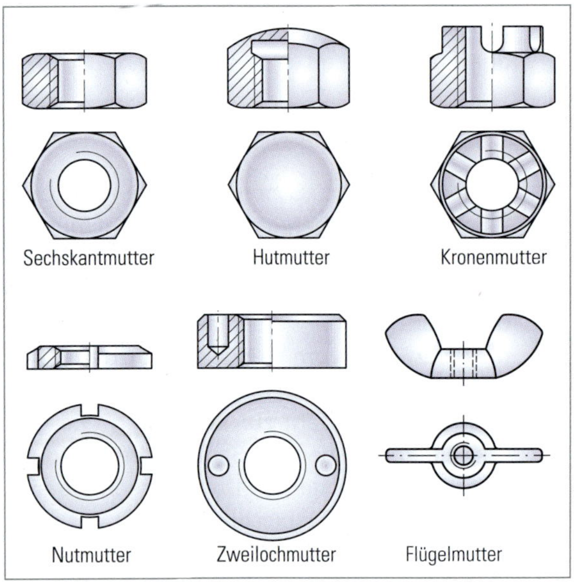


**3:** Mutternformen

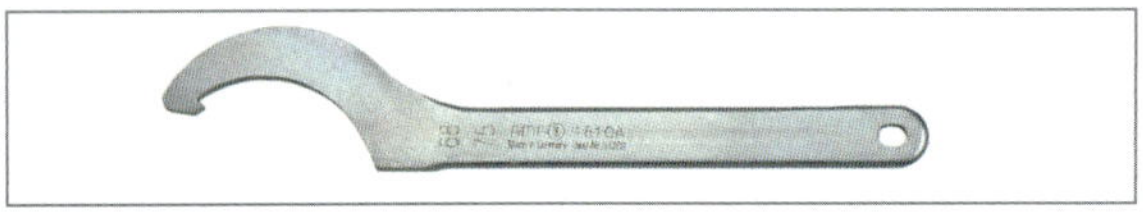

**4:** Hakenschlüssel

- Welche Kräfte müssen die Schrauben aushalten? Das ist nicht allein eine Frage vom Schraubendurchmesser. Auch Schraubenköpfe können unterschiedlich stark sein.
- Wie dick ist das Material? Bei dünnem Material können kegelförmige Senkschrauben vielleicht sogar aus der Senkung rutschen. Dann wählen Sie Schrauben mit flachen Köpfen.
- Manchmal ist es aber auch einfach nur Geschmackssache, welche Schrauben besser zum fertigen Werkstück passen.

## Muttern und Unterlegscheiben

Es gibt verschiedene Muttern und Unterlegscheiben. Sie erfüllen alle bestimmte Zwecke. Bei vielen Schraubverbindungen müssen Sie damit arbeiten. Das kann verschiedene Gründe haben.

### Muttern

Wenn Sie die Schraube nicht direkt in ein Gewinde im Werkstück drehen, brauchen Sie eine **Mutter**. Sonst steckt die Schraube nutzlos im Werkstück. Der Schraubenkopf und die Mutter pressen die Teile zusammen. Muttern (nicht: Mütter!) gibt es passend zu allen metrischen Gewinden, in verschiedenen Formen, Größen und aus verschiedenen Materialien (Bild 3). Muttern gibt es, genau wie Schrauben, in verschiedenen **Festigkeitsklassen**. Sie sind auf den Muttern markiert. Auch hierzu finden Sie Informationen im Tabellenbuch.

**Merke**

Die Festigkeitsklasse von einer Mutter muss zur Festigkeitsklasse von der Schraube passen.

Die häufigste Mutter ist die **Sechskantmutter**. Sie drehen oder halten sie mit einem Sechskantschlüssel oder mit einem Steckschlüssel (siehe Kapitel 7.3). Dasselbe Werkzeug brauchen Sie auch für eine **Hutmutter** und für eine **Kronenmutter**. Die Hutmutter ist auf der Oberseite geschlossen. Dann wird das Gewinde nicht verschmutzt oder beschädigt. Außerdem verletzt man sich dann nicht so schnell an der Schraube. Die Kronenmutter hat Kerben in der Oberseite. Wenn die Kronenmutter aufgeschraubt ist, müssen Sie durch die Kerbe die Schraube durchbohren. Dann stecken Sie einen **Splint** durch. Der Splint verhindert, dass die Mutter verloren geht.
Die **Nutmutter** ist ziemlich flach. Dafür brauchen Sie einen Hakenschlüssel (Bild 4).

| Schraubensicherung | | |
|---|---|---|
| **Setzsicherung**<br>■ Zahnscheibe ■ Fächerscheibe<br>■ Federring ■ Federscheibe | **Losdrehsicherung**<br>■ Klebstoffsicherung<br>■ Sperrzahnschraube<br>■ Mutter mit Klemmteil | **Verliersicherung**<br>■ Sicherungsscheibe<br>■ Kronenmutter mit Splint<br>■ Drahtsicherung |
| 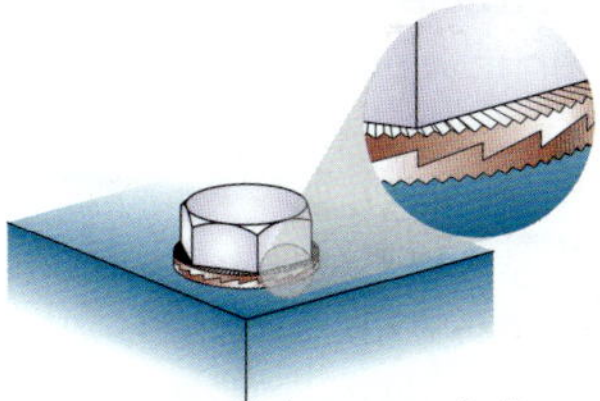<br>Sicherungsscheibenpaar | 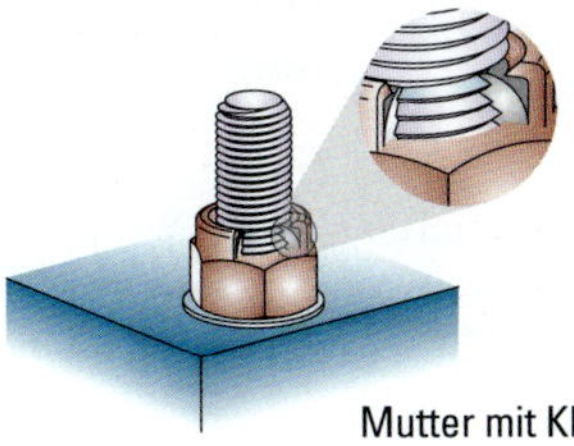<br>Mutter mit Klemmteil | 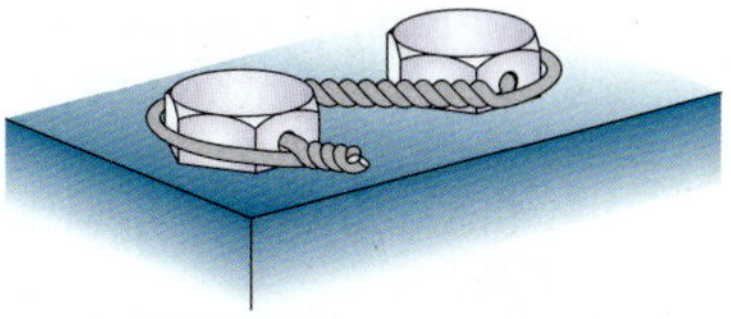<br>Drahtsicherung |
| Federring Federscheibe<br>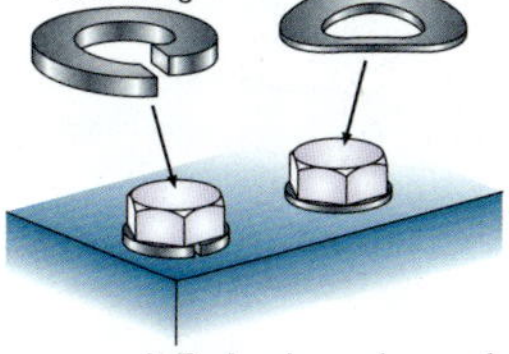<br>Sicherung mit Federring oder -scheibe | 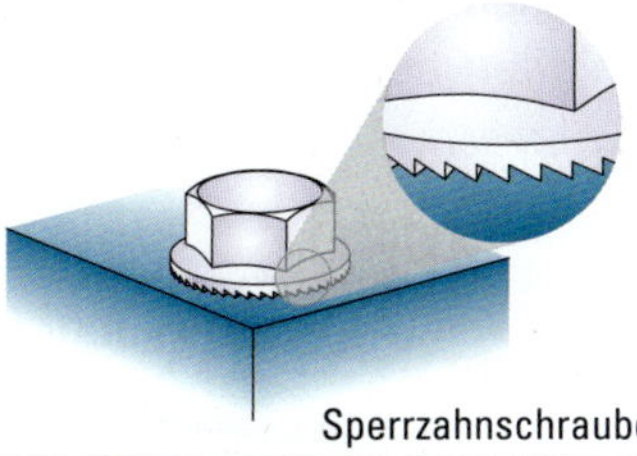<br>Sperrzahnschraube | 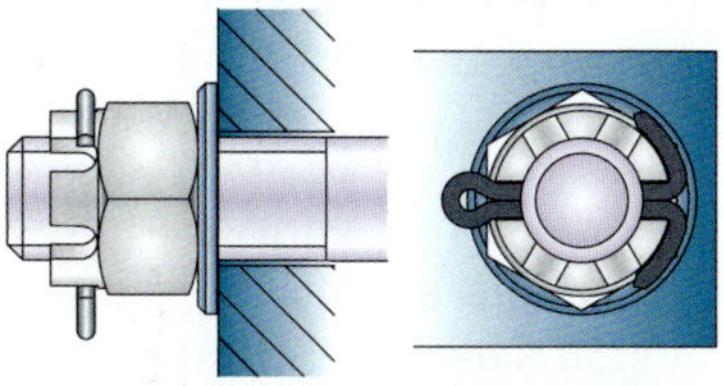<br>Sicherung mit Kronenmutter und Splint |
| Zahnscheibe Fächerscheibe<br>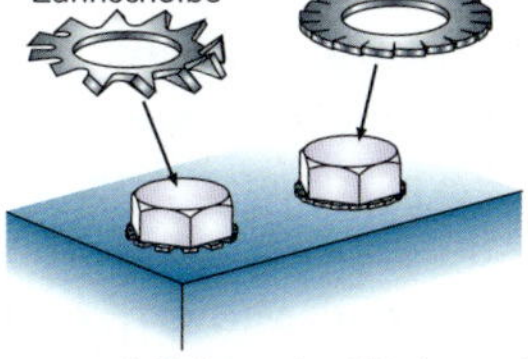<br>Sicherung mit Zahn- oder Flächenscheibe | 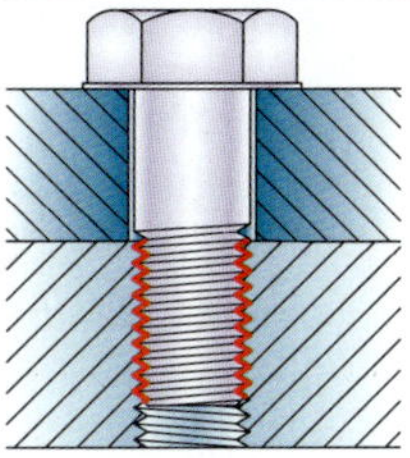<br>Klebstoff-sicherung | 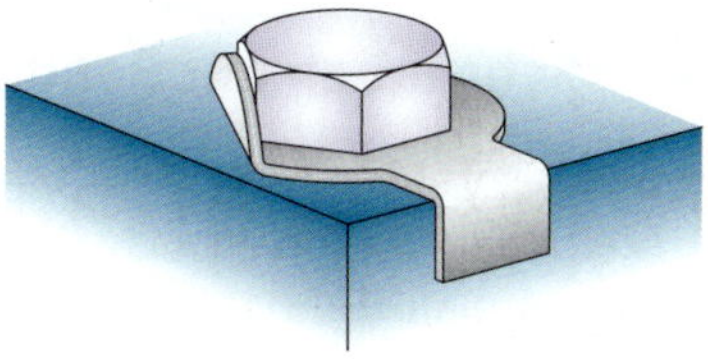<br>Sicherungsblech |

**1:** Schraubensicherungen

Zweilochmuttern finden Sie am häufigsten am Winkelschleifer. Der Schlüssel hierfür hat zwei Stifte, die in die Löcher greifen. Ziehen Sie die Mutter am Winkelschleifer aber nur händisch an. Sonst sitzt sie durch die Drehung von der Schleifscheibe so fest, dass Sie sie nur schwer wieder abbekommen. Die **Flügelmutter** eignet sich für Verbindungen, die Sie häufig lösen und wieder festschrauben. Sie können sie mit der Hand leicht drehen.

Vielleicht haben Sie schon einmal gesehen, dass zwei Muttern auf eine Schraube gedreht sind. Die zweite Mutter heißt: **Kontermutter**. Damit verhindert man, dass sich die Mutter versehentlich von selber löst.

### Unterlegscheiben

Unterlegscheiben gibt es in vielen verschiedenen Ausführungen. Jede Art dient einem bestimmten Zweck.

Die einfachen, glatten Scheiben haben ein Loch, das zum Durchmesser von der Schraube passt. Aber es gibt sie in verschiedenen Außendurchmessern und in verschiedenen Dicken. Sie benutzen Sie hierfür:

- Die Oberfläche vom Werkstück soll beim Drehen von der Schraube oder von der Mutter nicht beschädigt werden. Hierfür nehmen Sie eine Scheibe mit einem normalen, also kleinen Außendurchmesser.
- Das Bauteil ist aus dünnem oder weichem Material. Die Schraubverbindung soll das Teil nicht zerdrücken. Dann nehmen Sie eine Scheibe mit großem Außendurchmesser. So verteilt sich der Druck vom Schrauben auf eine größere Fläche.

### Schraubensicherung

Außer den glatten Scheiben gibt es noch anders geformte Scheiben. Sie dienen meistens zur **Schraubensicherung** (Bild 1).

Man unterscheidet diese verschiedenen Schraubensicherungen:

- **Setzsicherung:** Die Bauteile können sich verformen, wenn die Schraubverbindung sie zu stark zusammenpresst. Das heißt: Setzen. Setzsicherungen sind elastisch. Sie halten die Bauteile fest genug zusammen, verhindern aber deren Verformung.
- **Losdrehsicherung:** Sie verhindert, dass sich eine Schraube oder eine Mutter versehentlich löst.
- **Verliersicherung:** Eine Verliersicherung verhindert nicht das versehentliche Lösen von Schrauben oder Muttern. Sie verhindert nur, dass sie runterfallen.

Außer der Schraubensicherung mit Scheiben oder Splinten gibt es noch speziellen Klebstoff. Dieser Klebstoff fixiert die Schraube stoffschlüssig im Gewinde von der Mutter.

## 7.2 Schrauben mit Sondergewinde

Zu den Schrauben mit Sondergewinde gehören im Metallbau hauptsächlich Blechschrauben und Bohrschrauben (Bild 1). Es gibt sie in verschiedenen Größen und mit verschiedenen Schraubenköpfen. Solche Schrauben benötigen keine Muttern. Sie haben ein scharfkantiges Gewinde und schneiden sich das Muttergewinde selbst.
Wie der Name schon sagt, benutzt man **Blechschrauben** zum Verbinden von Bauteilen aus Blech. Für die Verwendung von Blechschrauben müssen die Bauteile schon vorgebohrt sein. Die Bohrung soll etwas größer sein als der Durchmesser vom Schraubenkern.
**Bohrschrauben** dienen auch zur Befestigung von Blechteilen. Sie brauchen aber kein vorgebohrtes Loch. Sie haben eine Schneide an der Spitze, die so ähnlich wie ein Bohrer aussieht. Mit dieser Spitze können sie sich das Bohrloch selbst schneiden.
**Schnellbauschrauben** verwendet man im Metallbau nur selten. Man benutzt sie hauptsächlich im Trockenbau für Gipskartonplatten und für andere Plattenwerkstoffe. Sie schneiden sich ihr Muttergewinde in Platten und dünnen Blechen.
Außerdem gibt es noch **Holzschrauben**. Sie sind natürlich nicht aus Holz gemacht. Holzschrauben haben eine steile Gewindesteigung und sie laufen vorne spitz zu. Mit ihnen befestigen Sie Bauteile an Holzkonstruktionen. Sie schneiden sich ihr Muttergewinde selber. Trotzdem empfiehlt sich bei größeren Durchmessern und Längen das Vorbohren mit einem Bohrer mit kleinerem Durchmesser. Sonst kann das Holz reißen oder brechen. Außerdem benutzt man sie mit „normalen“ Nylon-Dübeln zur Montage von Bauteilen in Mauerwerk.

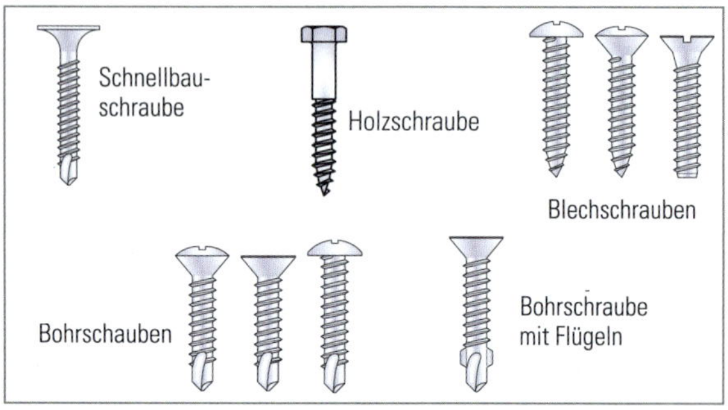


**1:** Schraubenarten mit Sondergewinde

## 7.3 Werkzeuge zum Schrauben

Je nachdem, wie der Schraubenkopf aussieht, brauchen Sie das passende Werkzeug, um die Schraube zu drehen. Es ist egal, ob es sich um eine Maschinenschraube oder eine Schraube mit Sondergewinde handelt. Für Muttern brauchen Sie natürlich auch das passende Werkzeug. Man unterscheidet zwischen Schraubenschlüsseln und Schraubendrehern.

> **Merke**
> Das Profil vom Schraubenkopf und der Antrieb vom Schraubwerkzeug müssen zueinander passen. Eine formschlüssige Verbindung soll entstehen.

### 7.3.1 Sechskantschrauben

Im Metallbau kommen häufig Sechskantschrauben vor. Zum Drehen von Sechskantschrauben eignen sich:

- Maulschlüssel
- Ringschlüssel
- Steckschlüssel

Maulschlüssel und Ringschlüssel kommen in verschiedenen Ausführungen vor (Bild 1, Seite 47). Für jede Größe von Schrauben und Muttern gibt es Schlüssel mit genau passender Weite. Manche Schraubenschlüssel haben auf beiden Seiten verschiedene Größen.

Gängige Schlüsselgrößen sind:

| **Gewindegröße** | M5 | M6 | M8 | M10 | M12 | M16 | M20 | M24 |
|---|---|---|---|---|---|---|---|---|
| **Schlüsselweite** in mm | 8 | 10 | 13 | (17) 16 | (19) 18 | 24 | 30 | 36 |

Doppelmaulschlüssel mit ungleichen Schlüsselweiten

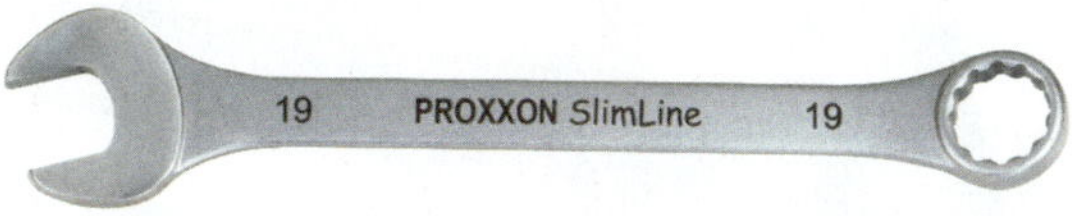


Ringmaulschlüssel

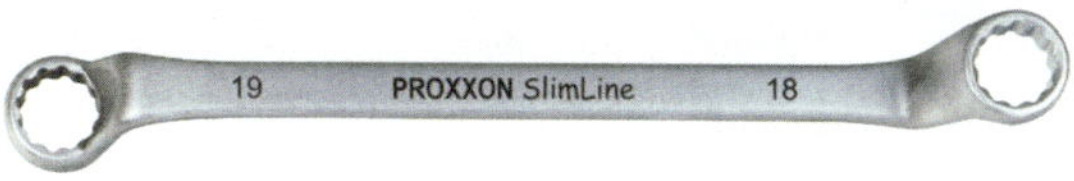


Doppelringschlüssel (tief gekröpft mit ungleichen Schlüsselweiten)

**1:** Sechskantschlüssel

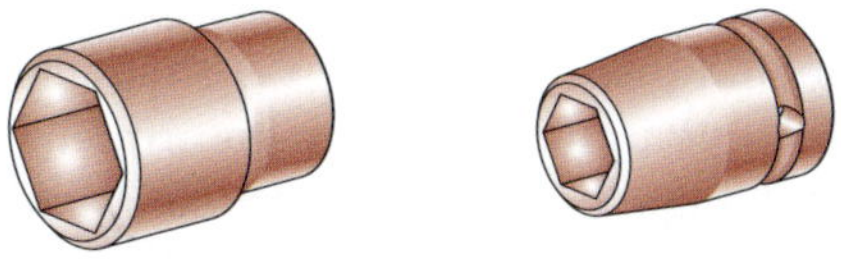

**2:** Steckschlüssel

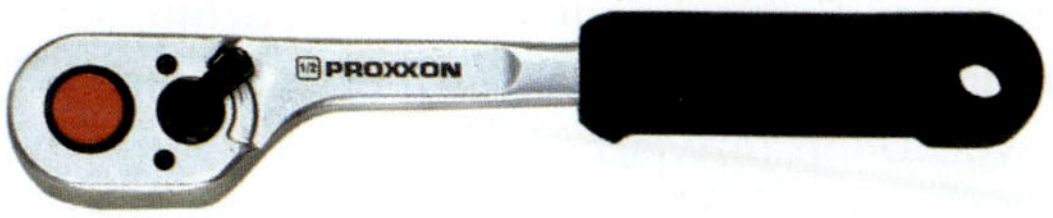


Knarre

Steckgriff mit Vierkant

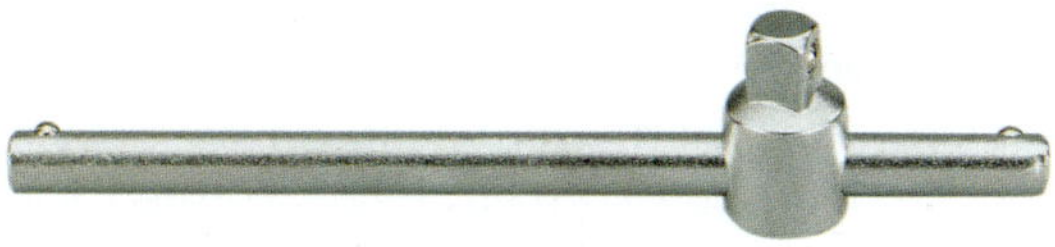

Quergriff mit Gleitstück (Außenvierkant)

**3:** Werkzeuge zum Drehen von Sechskantschrauben

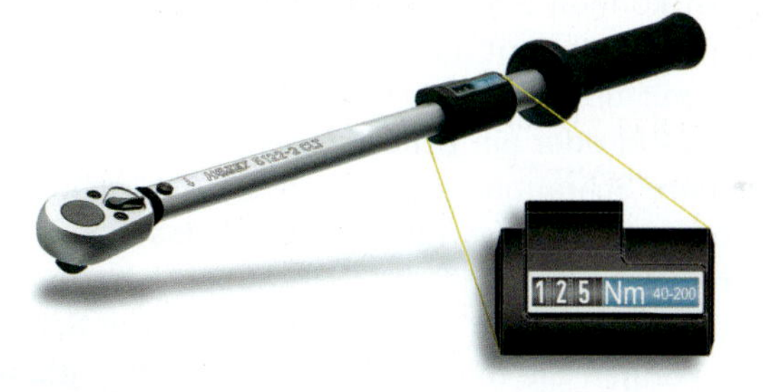


**4:** Drehmomentschlüssel

Die Steckschlüssel-Werkzeuge bestehen aus zwei wesentlichen Teilen. Das ist erstens natürlich der Steckschlüssel selber. Der Steckschlüssel heißt auch: **Nuss**. Er hat auf der einen Seite einen Innensechskant, der auf den Schraubenkopf oder auf die Mutter passt (Bild 2). Auf der anderen Seite hat er einen Innenvierkant. Dieser Vierkant kommt auf das Werkzeug zum Drehen. Dafür gibt es verschiedene Werkzeuge (Bild 3):

- Knarre, auch Ratsche genannt. Mit der Knarre können Sie Schrauben reindrehen und rausdrehen. An allen Knarren gibt es einen Knopf oder einen Hebel, mit dem Sie die Schraubrichtung ändern können. Es gibt auch Knarren, die auf beiden Seiten einen Vierkant haben. Sie stecken den Steckschlüssel auf die eine oder andere Seite, je nachdem, ob Sie die Schraube reindrehen oder rausdrehen wollen.
- Steckgriff
- Quergriff
- Bit-Aufsätze für elektrische Schrauber

Steckschlüssel gibt es in allen gängigen Größen. Es gibt sie mit kleinem und mit großem Vierkant. Kleine Steckschlüssel gibt es in beiden Ausführungen. Meistens drehen Sie mit dem Steckschlüssel die Schraube und nicht die Mutter. Der Grund hierfür ist dieser: Die meisten Steckschlüssel sind nicht besonders tief. Sie können sie ohne Probleme auf Schraubenköpfe setzen. Aber nicht auf die Mutter, wenn die Schraube weit heraussteht. Es gibt aber auch Knarren, an denen die Nuss mit einem durchgängigen Loch fest eingebaut ist und die sich auch über eine weit herausstehende Schraube stecken lassen.
Wenn die Schraubverbindung aus einer Schraube und einer Mutter besteht, brauchen Sie zwei Werkzeuge.

Sonst können Sie so lange drehen, wie Sie wollen, und es bringt nichts, weil sich die Mutter immer mit dreht. Sie können auch ein elektrisches Werkzeug oder ein Druckluftwerkzeug nutzen. Für kleinere Schrauben eignet sich ein Akkuschrauber oder eine Bohrmaschine mit Bit-Aufsatz. Für größere Schrauben ein Schlagschrauber.
Das zu leichte oder zu feste Anziehen von Schrauben können Sie mit einem **Drehmomentschlüssel** vermeiden (Bild 4, Seite 47). Das ist ein spezielles Schraubwerkzeug. Mit ihm drehen Sie nicht die Schraube rein oder die Mutter auf. Sie benutzen ihn nur für die letzte Umdrehung. Vorher stellen Sie am Schlüssel die Kraft ein, mit der Sie eine Schraube oder Mutter anziehen. Diese Kraft heißt: **Drehmoment**. Wenn diese Kraft erreicht ist, fühlen Sie oder hören Sie ein Knacken. Oder Sie sehen es durch ein sichtbares Signal. Mit einem Drehmomentschlüssel ziehen Sie zum Beispiel Radmuttern an Autofelgen an. Welches Drehmoment Sie einstellen müssen, kommt auf die Schraube und die Anwendung an. Informationen dazu finden Sie im Tabellenbuch. Häufig auch auf den Bauteilen selber, bei denen Sie Schrauben nur mit einem bestimmten Drehmoment anziehen dürfen.
Kombizangen oder Wasserpumpenzangen sind übrigens keine geeigneten Werkzeuge zum Drehen von Muttern und Sechskantschrauben. Natürlich lassen sie sich auch damit eindrehen, aber sie haben Greifzähne. Die Greifzähne beschädigen den Schraubenkopf oder die Mutter. Dasselbe gilt für zu große Schlüssel. Wenn Sie eine Schraube oder Mutter mit einem zu großen Schlüssel drehen, haben Sie den Kopf schnell „rundgedreht". Dann mühen Sie sich sogar mit dem passenden Schlüssel ab, die Schraube zu lösen oder festzudrehen.

## 7.3.2 Zylinderkopfschrauben und Senkschrauben

Manche Schrauben haben keinen Sechskantkopf, sondern ihr Kopf ist anders geformt (Bild 2, Seite 43). Dafür brauchen Sie natürlich andere Werkzeuge. Die Stelle, an der Sie das Werkzeug ansetzen, heißt **Aufnahme**. Die Aufnahme muss in der Form und in der Größe zum Schraubwerkzeug passen (Bild 1 auf Seite 6).

### Schraubendreher

Die erste Form von diesen Schraubwerkzeugen war der **Schraubendreher**. Viele Menschen nennen ihn auch „Schraubenzieher". Der Schraubendreher besteht aus einem Griff und aus einem Schaft. An der Spitze vom Schaft ist die **Klinge**. Bei manchen Schraubendrehern geht der Schaft ganz durch den Griff durch.
Schraubendreher gibt es in verschiedenen Größen und mit unterschiedlich geformten Klingen (Bild 1). Einige davon kommen sehr häufig vor, andere sehr selten. Die seltenen sind vor allem für Maschinen, die man nicht unbefugt öffnen soll. Dafür braucht man Spezialwerkzeug.
Die ersten Schraubendreher waren **Schlitzschraubendreher**. Sie kommen heute nicht mehr so häufig vor. Denn inzwischen sind andere Formen erfunden, mit denen sich besser arbeiten lässt. Der Schlitz geht leicht kaputt. Außerdem können Sie den Schrauber nur schlecht im Schlitz zentrieren. Aber diese Form hat auch einen Vorteil: Sie können den kaputten Schlitz im Schraubenkopf mit einer Metallsäge wieder ein Stückchen nachschneiden. Das geht bei keinem anderen Schraubenkopf.
In verschiedenen Handwerksberufen und besonders im Heimwerkerbereich kommt die **Kreuzschlitzschraube** immer noch sehr häufig vor. Es gibt sie in zwei verschiedenen Formen. Beide Formen sehen zwar ähnlich aus. Aber es ist mühsam, eine „gewöhnlichen" Kreuzschlitzschraube mit einem Pozidrive-Schraubendreher einzuschrauben. Und umgekehrt ist es auch so. Der Vorteil von der Kreuzschlitzschraube ist: Sie ist sehr weit verbreitet. Sie finden notfalls

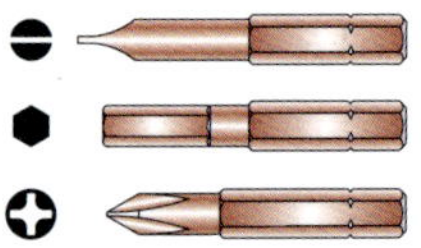


**1:** Verschiedene Klingenspitzen von Schraubendrehern

**2:** Verschiedene Innensechskantschlüssel

überall Schraubwerkzeug dafür. Der Nachteil von Kreuzschlitzschrauben ist: Sie brauchen teilweise recht viel Kraft, um sie einzuschrauben. Wenn Sie den Schrauber schräg ansetzen, ist der Kreuzschlitz schnell kaputt. Besonders schnell passiert das beim Arbeiten mit einem Akkuschrauber. Der Schrauber rattert dann, die Klinge kann nicht mehr greifen und sie zerstört die Schraube noch mehr.

Der **Innensechskantschlüssel** ist sehr weit verbreitet. Diesen Schlüssel nennt man häufig auch Inbus-Schlüssel. Inbus ist allerdings der Markenname vom ersten Hersteller von solchen Schlüsseln. Es gibt sie in verschiedenen Größen und Ausführungen (Bild 2 auf Seite 48). Sehr häufig sehen Sie diese Schlüssel in abgewinkelter Form oder mit einem Knauf an einem Ende. Die Vorteile von Innensechskantschlüsseln sind: Sie eignen sich besonders gut für Schraubverbindungen, bei denen zu wenig Platz für einen Ringschlüssel oder einen Maulschlüssel ist. Zwischen dem Profil und dem Antrieb ergibt sich eine sehr gute formschlüssige Verbindung, wenn ein passender Sechskant in den Innensechskant am Schraubenkopf greift. Einige Innensechskantschlüssel haben ein kugeliges Ende. Mit solchen Schlüsseln können Sie eine Schraube auch dann antreiben, wenn der Schlüssel nicht ganz gerade auf dem Schraubenkopf sitzt. Der Nachteil von Innensechskantschlüsseln ist: Sie können eine Schraube mit Innensechskant nicht mehr lösen, wenn der Innensechskant am Schraubenkopf beschädigt ist. Das kann dadurch passieren:

- Die Schraube ist von schlechter Qualität.
- Eine Schraubverbindung saß zu fest und Sie mussten mit zu viel Kraft arbeiten.
- Der Schlüssel war zu klein und hat durch ständiges Rumdrehen den Innensechskant rundgedreht.
- Die Schraube wurde zu oft rein- und rausgedreht.
- Der Schlüssel war schräg aufgesetzt. Diese Beschädigung passiert am ehesten beim Arbeiten mit einem Akkuschrauber.

Mit der Zeit hat man den Innensechskant weiterentwickelt. Es entstanden verschiedene Profile, für die es passende Antriebe gibt (Bild 1). Der bekannteste davon ist der Innensechsrundschlüssel. Diesen Schlüssel kennt man unter dem Markennamen Torx. Die Vorteile von Innensechsrundschlüsseln sind: Die Kraftübertragung beim Schrauben ist wegen der speziellen geometrischen Form sehr gut. Ein sehr guter Formschluss entsteht zwischen Profil und Antrieb. Deswegen ist die Gefahr sehr gering, den Schraubenkopf zu beschädigen. Außerdem ist der Innensechsrund noch nicht so weit verbreitet. Er taugt also auch ein bisschen als Schutz gegen unbefugtes Losdrehen oder gegen Diebstahl.

Außerdem gibt es noch andere Weiterentwicklungen vom Innensechskantschlüssel. Solche Antriebe sind teilweise sehr selten. Sie kommen in ganz speziellen Arbeitsbereichen vor. Zum Beispiel im Maschinenbau, in der Elektronik oder im Fahrzeugbau. Weil sie so wenig verbreitet sind, dienen solche Schrauben hauptsächlich als Schutz vor Diebstahl oder vor unbefugtem Öffnen oder Losschrauben. Zum Beispiel bei elektronischen Geräten, Elektrowerkzeugen und überall, wo Sicherheit eine große Rolle spielt. Einige Hersteller von Schrauben und Schraubwerkzeugen haben sogar ihr eigenes System entwickelt, das nicht oder nur sehr schlecht zu anderen Profilen passt.

### Bits und ihre Schraubwerkzeuge

Inzwischen arbeitet man häufiger mit **Bits** als mit gewöhnlichen Schraubendrehern. Bits gibt es in allen gängigen Formen und Größen. Im Fachhandel sogar für die seltenen Profile.

**1:** Weiterentwicklungen vom Innensechskantschlüssel

**2:** Bithalter

Bits sollten Sie immer mit ihrem wichtigen „Partner" benutzen: dem Bithalter. Bithalter gibt es in verschiedenen Längen und Ausführungen (Bild 2, Seite 49). Sie sichern den Bit auf verschiedene Weisen:

- magnetisch
- mit einer Kugel oder mit einem Sprengring
- in einem Schnellwechselfutter

Bithalter ohne irgendeine Sicherung taugen nicht, weil der Bit dann versehentlich einfach rausfallen kann. Der besondere Vorteil von einer magnetischen Sicherung ist: Der Magnet kann zusätzlich die Schraube mit festhalten. Natürlich nur, wenn die Schraube aus Stahl ist. Das ist besonders an solchen Stellen sinnvoll, an denen Sie für die Schraubverbindung eigentlich drei Hände brauchen würden.
Bits benutzen Sie entweder mit einem Handwerkzeug oder mit einem elektrischen Werkzeug. Diese Handwerkzeuge für Bits gibt es:

- **Schraubendrehergriffe.** Sie haben vorne keine Klinge, sondern eine sechskantige Aufnahme für Bits. Die meisten davon sichern den Bit selber. Einige haben im Griff einen Hohlraum oder einen Halter für ein kleines Bitsortiment.
- **Kleine Knarren.** Sie haben eine sechskantige Aufnahme für den Bit. Es gibt sie häufig in kleinen Kästchen zusammen mit einem Bithalter und einem Sortiment von mehr oder weniger gängigen Bits. Diese kleinen Knarren funktionieren wie die großen: Mit einem Hebel verstellen Sie die Schraubrichtung. Manche von diesen Knarren sehen genauso aus wie der Griff von einem normalen Schraubendreher oder wie kleine Drehknöpfe (Bild 1).

Die häufigsten elektrischen Schraubwerkzeuge sind die **Bohrmaschine** und der **Akkuschrauber**.

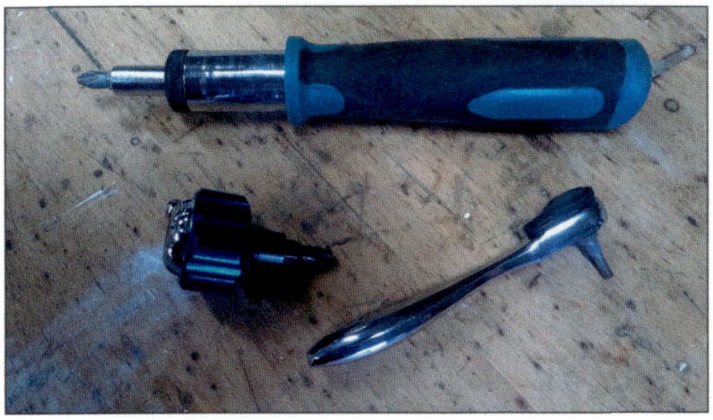

**1:** Verschiedene Knarren

Die Vorteile vom Akkuschrauber gegenüber einer Bohrmaschine mit Kabel sind, dass Sie unabhängig vom Stromnetz sind. Außerdem können Sie auf eine Kabeltrommel verzichten. So können Sie schnell den Arbeitsort wechseln, ohne immer wieder die Stromversorgung umzubauen. Die Nachteile sind, dass Sie zuverlässig immer genügend volle Akkus dabeihaben müssen. Außerdem brauchen Akkus ziemlich viele Rohstoffe. Sie lassen auch im Laufe der Zeit in ihrer Leistung nach, sodass man sie immer wieder nachkaufen muss.
Wenn Sie mit dem Akkuschrauber oder der Bohrmaschine arbeiten, stecken Sie den Bit nicht direkt ins Bohrfutter, sondern verwenden Sie einen Bithalter. Das hat mehrere Vorteile:

- Sie können den Bit schneller wechseln.
- Wenn man den Bit schief oder verkantet ins Bohrfutter steckt, läuft er nicht rund. Außerdem kann sich dann das Bohrfutter versehentlich öffnen. Im Bithalter sitzt der Bit dagegen zuverlässig fest.
- Sie haben einen größeren Abstand zum Werkstück. So sehen Sie besser, ob der Bit gut im Schraubenkopf sitzt und ob Sie ihn gerade aufgesetzt haben.

Es gibt unterschiedlich lange Bithalter, um an möglichst viele verschiedene Stellen zu kommen. Auch an schwer zugängliche Stellen Es gibt sogar Bithalter mit flexibler Welle. Solche Bithalter sind viel länger als die normalen. Und sie sind biegsam. Damit können Sie „um die Ecke arbeiten".
Akkuschrauber gibt es in vielen Ausführungen. Sie unterscheiden sich unter anderem auch in ihrer Leistung. Ein Akkuschrauber mit sehr hoher Leistung eignet sich nicht unbedingt für kleine Schrauben. Stellen Sie die Geschwindigkeit und die Kraft am Akkuschrauber passend ein. Wenn Sie zu schnell oder mit zu viel Kraft arbeiten, können Sie das Profil am Schraubenkopf beschädigen. Oder die Schraube reißt sogar ab.
Der Vorteil von Bits ist: Man braucht weniger einzelne Werkzeuge. Ein Bitsortiment mit einem geeigneten Schraubwerkzeug genügt. Mit den verschiedenen Bits aus dem Sortiment können Sie alle möglichen Schrauben drehen.
Der Nachteil von Bits ist: Einzelne Bits können schnell verloren gehen. Außerdem gibt es gerade im Baumarkt Bits von sehr schlechter Qualität. Schlechte Bits sind nach wenigem Benutzen sogar schneller rundgedreht als die Schraube selber.

### Werkstatthinweise

- Blechschrauben schneiden besser, wenn Sie sie mit ein bisschen Öl betupfen. Zur Not geht auch ein Tröpfchen Spucke.
- Manchmal sind Schrauben „festgefressen". Gehen Sie nicht mit roher Gewalt daran. Benutzen Sie stattdessen ein kriechendes, rostlösendes Öl. Lassen Sie das Öl einwirken und versuchen Sie es nochmal. Manchmal hilft es auch, wenn Sie den Schraubendreher ansetzen und mit dem Hammer leicht auf den Griff schlagen. So kann man manche Schrauben lockern. Am besten nehmen Sie dafür einen Schraubendreher, bei dem der Schaft durch den ganzen Griff durchgeht. Bitte so etwas nicht mit dem Akkuschrauber machen.
- Für jedes Schrauben, egal ob mit der Hand oder mit der Maschine, gilt häufig: Nach fest kommt ab. Besonders schnell passiert das bei Schrauben aus Edelstahl. Das ist ärgerlich und oft nur schwer zu reparieren. Seien Sie also beim Schrauben mit einem Elektrowerkzeug vorsichtig. Elektrische Schrauber haben teilweise viel Kraft und arbeiten schnell. Stecken Sie auch kein Rohr als Hebelverlängerung auf einen gebogenen Innensechskantschlüssel. Sie können dann mit so großer Kraft arbeiten, dass die Schraube schnell abreißen kann.

### Übungen

1. Beschreiben Sie die Unterschiede zwischen einer metrischen Schraube und einer Schraube mit Sondergewinde.
2. Warum sollen die Form und die Größe vom Antrieb zum Profil am Schraubenkopf passen? Was kann passieren, wenn Sie mit einem unpassenden Antrieb arbeiten?
3. Nehmen Sie sich ein Blatt Papier und skizzieren Sie die Abwicklung von einem ISO-Normgewinde, von einem Feingewinde und von einem Grobgewinde. Vergleichen Sie die Zeichnungen und begründen Sie, warum Sie so gezeichnet haben.
4. Welche Werkzeuge eignen sich zum Eindrehen von Sechskantschrauben? Welche eignen sich nicht und warum ist das so?
5. Welche Schrauben und eventuell auch Muttern wählen Sie für folgende Anwendungen? Begründen Sie Ihre Auswahl!
   - Sie befestigen eine Blechverkleidung an einer Konstruktion aus dünnwandigem Vierkantrohr.
   - Sie befestigen eine Blechverkleidung an einer Konstruktion aus 10 mm dickem Flachstahl.
   - Sie lassen eine Messskala in eine Nut auf dem ebenen Maschinentisch von einer Kantbank ein. Die Messskala müssen Sie mit Schrauben befestigen.
   - Sie montieren eine Rutsche auf einem Kinderspielplatz.
   - Sie befestigen ein Balkongeländer an einem Balkon aus Holzbalken.
6. Wozu dienen Unterlegscheiben?
7. Nennen Sie verschiedene Schraubensicherungen und ihren Zweck.
8. Wofür benutzen Sie einen Drehmomentschlüssel? Beschreiben Sie die Arbeitsweise, wenn Sie eine Schraube mit einem bestimmten Drehmoment anziehen müssen.

# 8 Nieten

Das Nieten ist eine der ältesten Verbindungstechniken. Schon vor vielen hundert Jahren haben die Menschen Metallteile durch Niete miteinander verbunden. Die Niettechnik hat sich im Laufe der Zeit stark verändert und weiterentwickelt. Im Gegensatz zum Schrauben entsteht durch das Nieten eine unlösbare Verbindung. Das Nieten ist heutzutage zum Teil durch andere Fügeverfahren verdrängt worden. Zum Beispiel durch das Schrauben und Schweißen. Trotzdem begegnen Niete Ihnen häufig. Nicht nur beim Arbeiten, sondern auch im Alltag.

**Merke**

Mit Nieten können Sie Teile aus unterschiedlichem Material miteinander verbinden. Meistens entsteht eine **starre**, **unlösbare Verbindung**. Je nach Nietverfahren ist die Verbindung **kraftschlüssig** oder **formschlüssig**.

Eigentlich entsteht durch das Nieten eine **unlösbare Verbindung**. Sie können so eine Verbindung aber wieder lösen, wenn Sie den Niet ausbohren oder herausschlagen. Darum kann man sagen: Das Nieten ist eine **bedingt lösbare Verbindung**.

| | | | |
|---|---|---|---|
| Grat oder Bohrspäne zwischen den Blechen<br>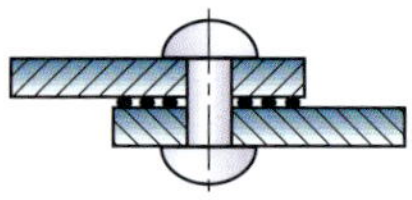<br>*Bohrlöcher vorher Entgraten.* | Bohrung zu tief entgratet oder gesenkt<br><br>*Entnieten, Bohrungen bei Einzelniet vergrößern auf neuen Nietdurchmesser nur leicht Entgraten.* | Bohrungen versetzt, nicht nachgerichtet, Nietquerschnitt ist in der Nietmitte geschwächt, Festigkeit der Verbindung ist geringer<br>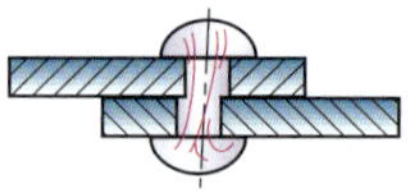<br>*Entnieten, Bohrungen bei Einzelniet vergrößern (Nachreiben) auf neuen Nietdurchmesser.* | Niet zu lang, Kopfmacher zu klein<br>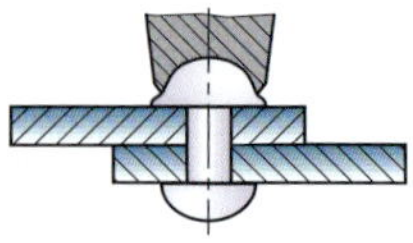<br>*Entnieten, Nietlänge und Werkzeugauswahl beachten.* |
| Zu wenig eingezogen<br>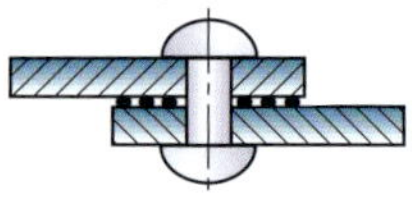<br>*Entnieten, Bleche richtig einziehen, evtl. Spannmittel einsetzen.* | Bohrung zu groß, wird beim Stauchen nicht ausgefüllt, evtl. Schließkopf zu klein<br>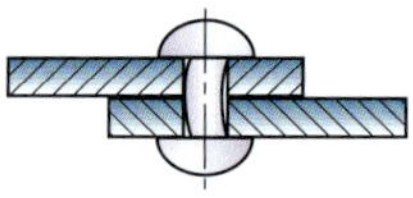<br>*Ausschuss. Bei Einzelniet evtl. größeres Niet einsetzen.* | Bleche nicht gerichtet<br>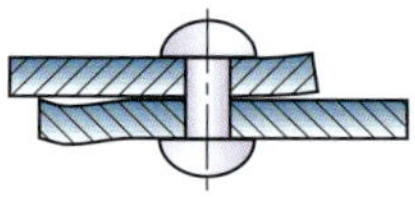<br>*Entnieten, Bleche richten, neu nieten.* | Niet zu kurz, Schließkopf wird zu klein, Kopfmacher beschädigt Blech.<br>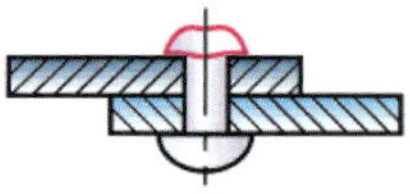<br>*Evtl. Ausschuss Entnieten, mit richtigem Niet neu vernieten.* |

**1:** Nietfehler und ihre Korrekturen

**2:** Beispiele für die Anwendung von Nieten

Bei allen Nietverfahren müssen Sie Folgendes beachten:

- Zum Verbinden von Teilen brauchen Sie einen Niet, der zwei oder mehr Teile zusammenhält.
- Sie müssen die Bauteile vorbohren, bevor Sie sie mit Nieten verbinden. Die Bohrungen müssen genau aufeinander passen.
- Der Niet muss sich plastisch gut verformen lassen.
- Alle Niete bestehen aus einem **Setzkopf** und einem zylindrischen **Schaft**. Der Setzkopf kommt in verschiedenen Formen vor. Der Schaft kann massiv oder hohl sein.
- Durch Krafteinwirkung entsteht der **Schließkopf**. Schließköpfe gibt es in verschiedenen Formen.
- Die Kraft zwischen Setzkopf und Schließkopf hält die Teile zusammen.
- Niet und Bohrung müssen von der Länge und vom Durchmesser zusammenpassen. Sonst passieren Fehler (Bild 1, Seite 52). Und die Verbindung hält nur schlecht oder gar nicht.

Es gibt Niete für viele verschiedene Anwendungen (Bild 2, Seite 52).

Niete gibt es in verschiedenen Ausführungen und aus verschiedenen Materialien. Daher unterscheidet man auch verschiedene Nietverfahren. Jeder Niet und jedes Verfahren eignen sich besonders gut für bestimmte Anwendungen.
Sie können durch Nieten zwar Teile aus unterschiedlichen Werkstoffen fügen. Aber gerade bei Metallen ist zu empfehlen, nur Teile aus dem gleichen Werkstoff zu vernieten. Außerdem sollten die Niete aus dem gleichen Werkstoff sein, denn:

- Beim Kontakt von zwei verschiedenen Metallen kann **Kontaktkorrosion** entstehen. Besonders wenn die Bauteile mit Dampf oder Regenwasser in Berührung kommen. Das heißt zum Beispiel, dass Eisen und Stahl dann schneller rosten.
- Alle Metalle dehnen sich durch Wärme unterschiedlich stark aus. Wenn das Werkstück aus einem anderen Material ist als der Niet, kann sich das Werkstück verziehen oder sogar kaputt gehen.

**Beispiele**

- Die meisten alten Eisenbrücken, Hochhäuser und andere Stahlbau-Konstruktionen sind genietet.
- An manchen Schuhen läuft der Schnürsenkel durch ein Hohlniet.
- Die Bleche am Rumpf von einem Schiff oder von einem Flugzeug sind mit tausenden Nieten befestigt.

## 8.1 Vollniete

Vollniete gibt es in verschiedenen Größen und aus verschiedenen Werkstoffen. Zum Beispiel aus Stahl, Aluminium, Edelstahl, Kupfer, Messing und aus anderen Legierungen. Sie heißen Vollniete, weil der Schaft aus vollem Material ist. Je nach Material und nach Durchmesser müssen Sie unterschiedliche Nietverfahren anwenden.

### 8.1.1 Kaltnieten

Zum **Kaltnieten** eignen sich Niete aus NE-Metall und Stahlniete bis ungefähr 8 oder 10 Millimeter Durchmesser. Den Setzkopf vom Niet gibt es in verschiedenen Formen (Bild 1).
Das Kaltnieten geht so (Bild 1, Seite 54):

- Sie bereiten die Bohrungen in den Bauteilen vor. Die Bohrungen müssen etwas größer sein als der Durchmesser vom Nietschaft. Sie finden Angaben zur richtigen Bohrungsgröße im Tabellenbuch. Außerdem müssen sie so gebohrt sein, dass sie genau übereinander liegen, wenn die Bauteile an der richtigen Stelle sind. Außerdem müssen die Bohrungen angesenkt sein.
- Sie stecken den Niet durch die Bohrungen in den Bauteilen. Der Setzkopf liegt in oder auf dem Setzstock. Der Niet muss die richtige Länge haben. Sie finden im Tabellenbuch Infos zur richtigen Länge von Nieten.

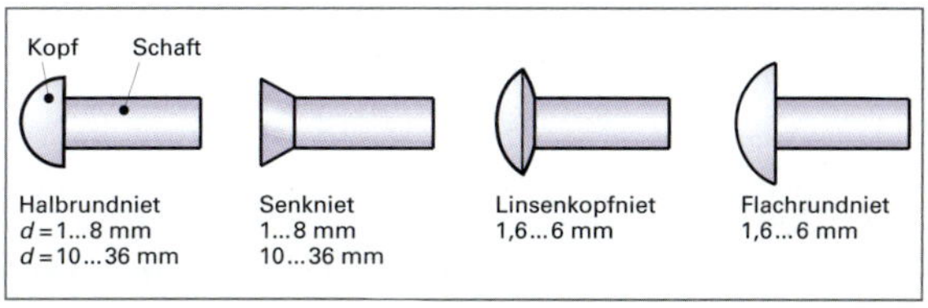


**1:** Setzkopf-Formen

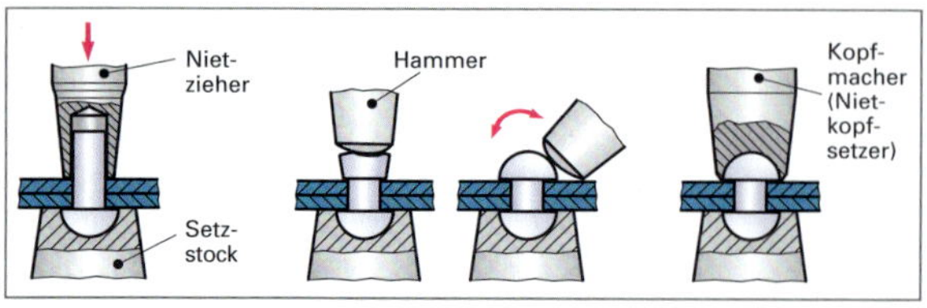


**1:** Verfahren beim Kaltnieten

- Sie stecken den Nietzieher (Bild 2) auf den herausragenden Schaft und schlagen damit die Bauteile fest aufeinander.
- Sie stauchen das Ende vom Schaft mit dem Hammer.
- Mit dem Schellhammer formen Sie den Schließkopf. Der Schellhammer heißt auch: Döpper. Es gibt Döpper für verschiedene Nietformen (Bild 3).
- Beim Formen vom Schließkopf staucht sich dann auch der Nietschaft. Der Nietschaft füllt dann die ganze Bohrung aus. Weil die Bohrung ganz mit dem Material von dem Niet gefüllt ist, entsteht eine formschlüssige Verbindung.

**Merke**

Beim Kaltnieten entsteht eine **starre**, **unlösbare** und **formschlüssige Verbindung**.

### 8.1.2 Warmnieten

Das **Warmnieten** verwenden Sie nur bei Stahlnieten ab 10 Millimetern Durchmesser.

Das Verfahren ist dasselbe wie beim Kaltnieten. Der Unterschied ist aber, dass Sie den Niet vorher im Schmiedefeuer oder mit dem Brenner glühend machen. Sonst können Sie den Schaft nicht mehr stauchen und zum Schließkopf formen. Außerdem müssen die Bohrungen 0,5 bis 1 Millimeter größer sein als der Durchmesser vom Schaft. Denn der Schaft dehnt sich beim Erwärmen aus und würde sonst nicht mehr durch die Bohrung passen.

Wenn der Niet abkühlt, zieht er sich wieder zusammen. Er wird kürzer und dünner. Er füllt die Bohrung dann nicht mehr ganz aus. Durch das Zusammenziehen pressen der Setzkopf und der Schließkopf die Bauteile kraftschlüssig zusammen.

**Merke**

Beim Warmnieten entsteht eine **starre**, **unlösbare** und **kraftschlüssige Verbindung**.

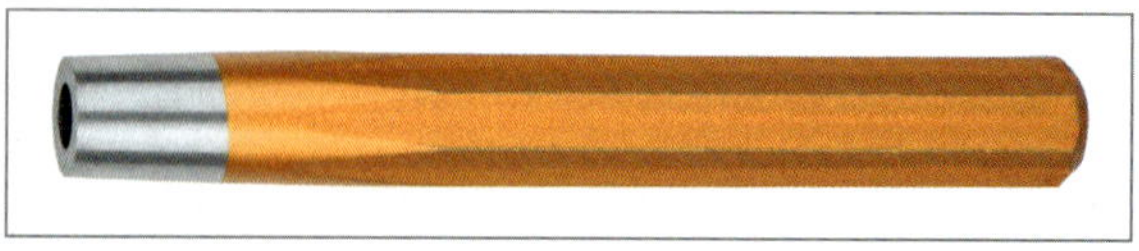

**2:** Nietzieher

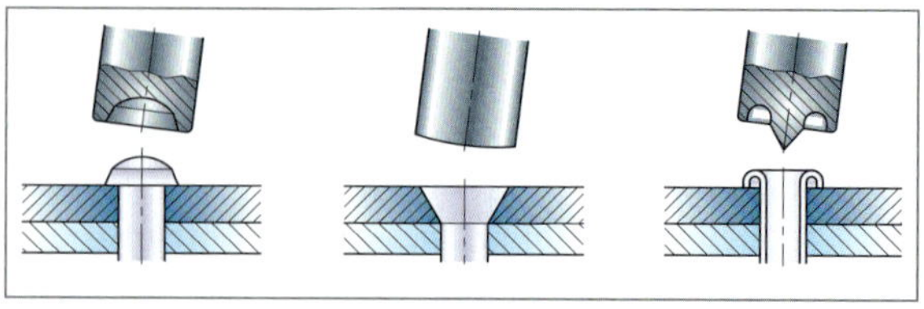

**3:** Verschieden geformte Döpper

#### Exkurs: Warmgenietete Konstruktionen im Stahlbau

An alten Stahlbrücken sehen Sie die vielen Niete, die die Bauteile zusammenhalten. Diese Niete haben einen halbrunden Setzkopf und einen halbrunden Schließkopf. Die Stahlbauer bekamen die rohen Niete „pilzförmig" geliefert, also natürlich nur mit dem halbrunden Setzkopf. Den halbrunden Schließkopf mussten sie am Bauwerk schlagen. Das ging so: Immer drei Menschen arbeiteten in einer Gruppe zusammen. Der Erste erwärmte den Niet im Feuer. Dann musste er den rotglühenden Niet den anderen beiden übergeben. Häufig warf er ihn mit einem feuerfesten Handschuh hoch. Der Zweite fing den Niet mit einem Blecheimer auf und steckte ihn durch die Bohrung. Dann setzte er einen sogenannten Gegenhalter auf den Setzkopf. Der Dritte musste dann schnell arbeiten. Er formte mit verschiedenen Hämmern und mit anderem Werkzeug mit kräftigen Schlägen den halbrunden Schließkopf. Das alles passierte in ungefähr einer Minute. Wenn der Schließkopf nicht gut genug war, musste man den ganzen Niet wieder rausbohren oder rausschlagen. Sie können sich wahrscheinlich vorstellen, dass das eine sehr anstrengende Arbeit war.

Die drei Menschen arbeiteten immer im selben Team. Mit anderen Kollegen als Ersatz funktionierte es nicht. Wenn einer krank war, konnten die anderen beiden nicht arbeiten.

## 8.2 Blindniete

Das **Blindnieten** ist nicht nur im handwerklichen Bereich ein sehr häufiges Nietverfahren. Blindniete sind auch häufig als POP-Niete bekannt. Das ist der Markenname, der vom ersten Hersteller von solchen Nieten kommt.

Sie können Blindniete an solchen Stellen verwenden, an die Sie nur von einer Seite herankommen. Denn das Blindnieten funktioniert ganz anders als das Warmnieten oder das Kaltnieten. Die Niete sehen ganz anders aus (Bild 1) und das Nietverfahren funktioniert anders. Zum Blindnieten brauchen Sie ein spezielles Blindniet-Werkzeug. Für das Blindnieten mit der Hand gibt es verschiedene Werkzeuge. Außerdem gibt es elektrische und mit Druckluft betriebene Werkzeuge (Bild 2).

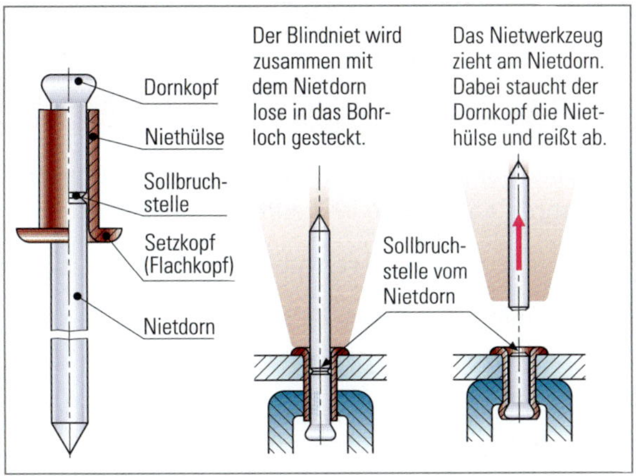


**1:** Funktionsweise von Blindnieten

| Handgeräte | Fremdkraftgeräte | Automaten |
|---|---|---|
| 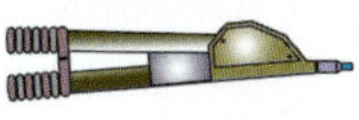<br>Hebelnietzange<br>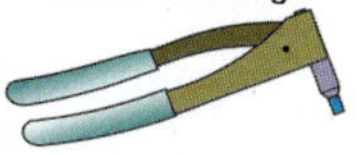<br>Blindniet-Handzange<br>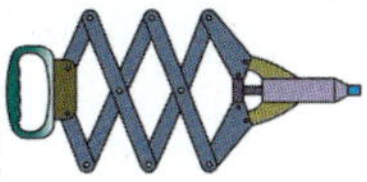<br>Scherennietgerät | <br>pneumatisch-hydraulisches Blindniet-Setzgerät<br>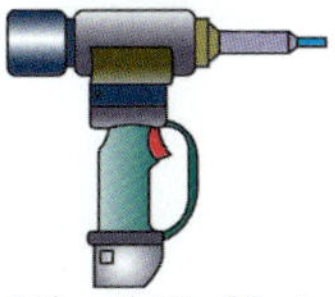<br>Akku-elektr. Blindniet-Setzgerät | 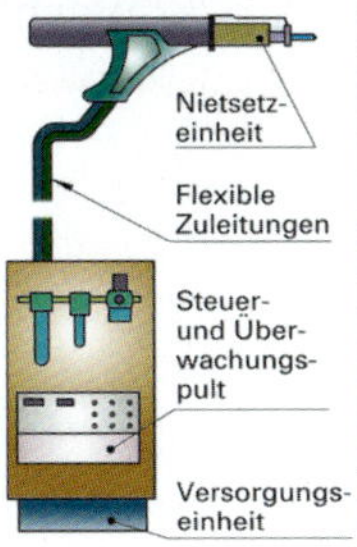<br><br>Blindniet-Automat |

**2:** Werkzeuge zum Blindnieten

Das Blindnieten benutzt man meistens zum Fügen von Blechteilen. Blindniete gibt es in verschiedenen Größen und aus verschiedenen Materialien. Am besten nehmen Sie Niete aus dem gleichen Material wie die Bauteile. Wenn die Niete aus anderem Material sind, kann Kontaktkorrosion entstehen.

Sie müssen auch für das Blindnieten die Bohrungen in den Bauteilen vorbereiten. Manchmal passiert das erst auf der Baustelle, wenn Sie die Teile an eine bestehende Konstruktion anpassen müssen. Sie stecken den Blindniet zuerst locker in die Bohrung. Dann setzen Sie das Nietwerkzeug auf den rausstehenden Nietnagel auf und drücken es zusammen. Dabei zieht sich der Nietnagel durch die Hülse ins Innere vom Werkzeug. Der Kopf oben am Nietnagel verformt dabei die Hülse durch die Zugbewegung. Das heißt: **Stauchen**. Auf der anderen Seite bildet sich dadurch der Schließkopf. Der Nietnagel hat eine sogenannte Sollbruchstelle. An dieser Stelle reißt der Nietnagel ab, wenn die Bauteile fest aufeinandergepresst sind. Sie müssen den Nietnagel vor dem nächsten Nieten zuerst aus der Nietzange fallen lassen. Mit einem elektrischen Nietwerkzeug müssen Sie es genauso machen.

**Merke** Beim Blindnieten entsteht eine **starre, unlösbare, kraftschlüssige Verbindung**.

## 8.3 Spezialniete

Es gibt Niete, die für besondere Zwecke da sind. Zum Beispiel:

**Hohlniete** verwenden Sie hauptsächlich für Werkstoffe wie Leder oder Pappe. Sie bestehen nur aus einer Niethülse, die Sie durch oder in die Bohrung stecken. Mit einem Döpper bördeln Sie den Setzkopf und den Schließkopf um.

**Blind-Einnietmuttern** verarbeiten Sie so ähnlich wie Blindniete. Sie eignen sich auch für Stellen, an die Sie nur von einer Seite aus rankommen. Man setzt sie mit einem speziellen Werkzeug ein. Die Besonderheit von Blind-Eindrehmutter ist: Sie haben auf der Innenseite von der Hülse ein Muttern-gewinde. Daran lassen sich dann noch andere Bauteile mit normalen Gewindeschrauben befestigen. Mit einer Blind-Einnietmutter kann man Gewinde in Bleche einsetzen, die zu dünn sind, um ein Gewinde zu schneiden.

**Blind-Einnietschrauben** sind sozusagen das genaue Gegenteil von der Einnietmutter. Sie verarbeiten sie auch so ähnlich wie die Blindniete. Allerdings brauchen Sie dafür ein spezielles Werkzeug. Blind-Einnietschrauben haben ein Schraubengewinde, das Sie beim Nieten ins Bauteil einlassen. Das Schraubengewinde ragt wie eine zusätzliche Schraube aus dem Bauteil heraus. Daran können Sie mit einer Mutter andere Bauteile festschrauben.
Außerdem gibt es noch viele weitere Spezialniete, die teilweise für sehr spezielle Anwendungen geeignet sind. Und für die Verarbeitung braucht man besonderes Werkzeug.

**Vorteile vom Nieten:**

- Mit Blindnieten können Sie Teile verbinden, die nur von einer Seite zugänglich sind.
- Sie können Teile aus unterschiedlichem Material verbinden.
- Sogar beim Warmnieten erwärmt sich das Bauteil kaum. Darum verzieht es sich auch weniger als beim Schweißen. Und das Gefüge vom Werkstoff verändert sich nicht. Wenn sich das Gefüge verändert, kann der Werkstoff zum Beispiel weniger stabil werden.

**Nachteile vom Nieten:**

- Besonders das Warmnieten ist sehr aufwendig. Wie Sie schon gelesen haben, brauchte man zum Warmnieten mindestens drei Personen.
- Die Bohrungen in den Bauteilen müssen sehr genau sein und gut vorbereitet sein.
- Manche Niete können nicht so starke Belastungen aushalten wie zum Beispiel Schrauben oder Schweißverbindungen.
- Wenn Sie keinen Vollniet benutzen, hat das Bauteil an der Nietung weniger Material. Dadurch ist das Bauteil selbst an der Fügestelle schwächer und hält weniger Belastung aus.
- Eine Nietverbindung lässt sich zwar bedingt lösen, wenn Sie den Niet ausbohren oder abschlagen. Aber das Verbindungsmittel können Sie nicht wieder verwenden.

Neben dem Nieten als Fügetechnik begegnen Ihnen Nieten häufig als Verzierung. Zum Beispiel an Taschen, Jeanshosen, Lederjacken oder Hundehalsbändern.

## Werkstatthinweise

- Leider gibt es immer noch Blindnietzangen, bei denen die Griffe beim Zudrücken sehr nah aneinander kommen. Dabei kann man sich leicht die Finger klemmen.
- Zum Überprüfen von einer Verbindung mit Vollnieten ist das Auge das beste Werkzeug. Sie erkennen direkt, ob so eine Nietverbindung gut oder schlecht ist. Zeichen für schlechte Verbindungen mit Vollnieten sind zum Beispiel ein krumm geschlagener Schaft, ein zermatschter Setzkopf, ein zu flacher Schließkopf oder ein Spalt zwischen den Bauteilen.

## Übungen

1. Überlegen Sie: Warum haben andere Fügeverfahren das Nieten im Laufe der Zeit verdrängt?
2. Welche Nietverfahren gibt es?
3. Nennen Sie die Vorteile und die Nachteile vom Nieten.
4. Für welche Anwendungen eignen sich Blindniete?
5. Erklären Sie:
   - Warum entsteht beim Kaltnieten eine formschlüssige Verbindung?
   - Warum entsteht beim Warmnieten eine kraftschlüssige Verbindung?

# 9 Stiftverbindungen

Stifte sind zylindrisch oder kegelförmig. Sie sehen teilweise aus wie Niete ohne Kopf. Aber ihre Verwendung und ihre Verarbeitung sind ganz anders. Stiftverbindungen unterscheiden sich dadurch von Nietverbindungen:

- Sie übertragen Kräfte oder Drehmomente formschlüssig.
- Sie halten zwei oder mehrere Bauteile in der richtigen Position zueinander. Damit verhindern sie, dass die Teile sich verschieben. Die Teile lassen sich durch die Stifte immer wieder in der gleichen Position zusammenbauen.

**Merke**

Beim Stiften entstehen **starre** oder **bewegliche**, **lösbare**, **formschlüssige Verbindungen**.

Stifte gibt es in verschiedenen Größen und Ausführungen (Bild 1). Alle Stiftarten eignen sich für unterschiedliche Anwendungen (Bild 1, Seite 58). Außerdem gibt es die einzelnen Stiftarten aus verschiedenen Werkstoffen. Zum Beispiel aus Automatenstahl oder nichtrostendem Stahl, je nachdem, welchen Zweck die Stifte erfüllen sollen.

Stifte werden wie die meisten Teile nicht zu 100 % auf den Mikrometer genau gefertigt. Es gibt erlaubte Abweichungen von den gewünschten Vorgaben. Diese Abweichungen heißen: Toleranzen.

Die Bohrungen für Stifte müssen sehr exakt aufeinanderpassen. Genau wie beim Nieten. Bei manchen Anwendungen muss der Durchmesser von der Bohrung auch ganz genau stimmen. Darum muss man zum Beispiel die Bohrung für einen Zylinderstift auch noch mit einer Reibahle aufreiben (Bild 2).

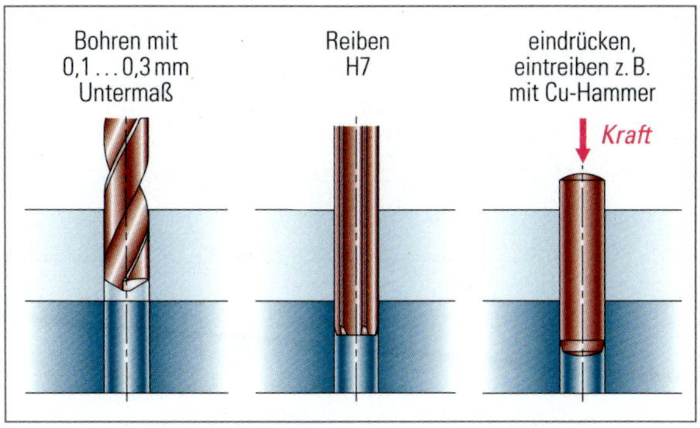


**2:** Eine Verbindung mit Zylinderstift herstellen

Stifte gibt es auch mit unterschiedlichen Oberflächen. **Gehärtete Stifte** nutzen sich nur sehr wenig oder sogar gar nicht ab. Man kann sie mehrmals verwenden. Sie bestehen aus Stahl und eignen sich für Teile mit einer sehr starken Beanspruchung. Sie kommen zum Beispiel im Werkzeugbau vor.

**Ungehärtete Stifte** eignen sich als Verbindungsmittel zur Kraftübertragung. Dabei fixieren sie Bauteile, zum Beispiel an Gelenken und Scharnieren. Weil solche Stifte Bauteile in ihrer Position halten, soll man sie in möglichst großer Entfernung voneinander anordnen. Dann ist das Risiko kleiner, dass sich die Teile verdrehen. Sie sind meistens aus Automatenstählen hergestellt.

| **Beispiel** | 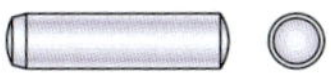 | 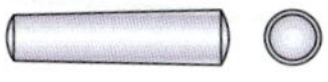 |  | 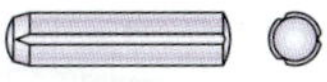 | 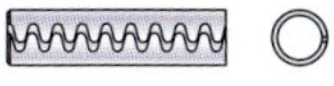 |
|---|---|---|---|---|---|
| **Bezeichnung** | **Zylinderstift** | **Kegelstift** | **Spannstift** | **Kerbstift** | **Feder-Passstift** |
| **Anwendung** | Lagesicherung von Bauteilen | Sehr genaue Lagefixierung von zwei Bauteilen | ■ Einfache Lagefixierung<br>■ Sicherheitsstift | ■ Übertragung von Querkräften<br>■ Sicherheitsstift | ■ Positionierung und Fixierung von mehreren Bauteilen<br>■ Sicherheitsstift |
| **Herstellen der Bohrung** | ■ Bohren<br>■ Reiben | ■ Bohren (in Stufen) mit dem Kegelbohrer<br>■ Reiben mit Kegelreibahle | Bohren | Bohren | ■ Bohren<br>■ Reiben |

**1:** Stiftarten (Auswahl)

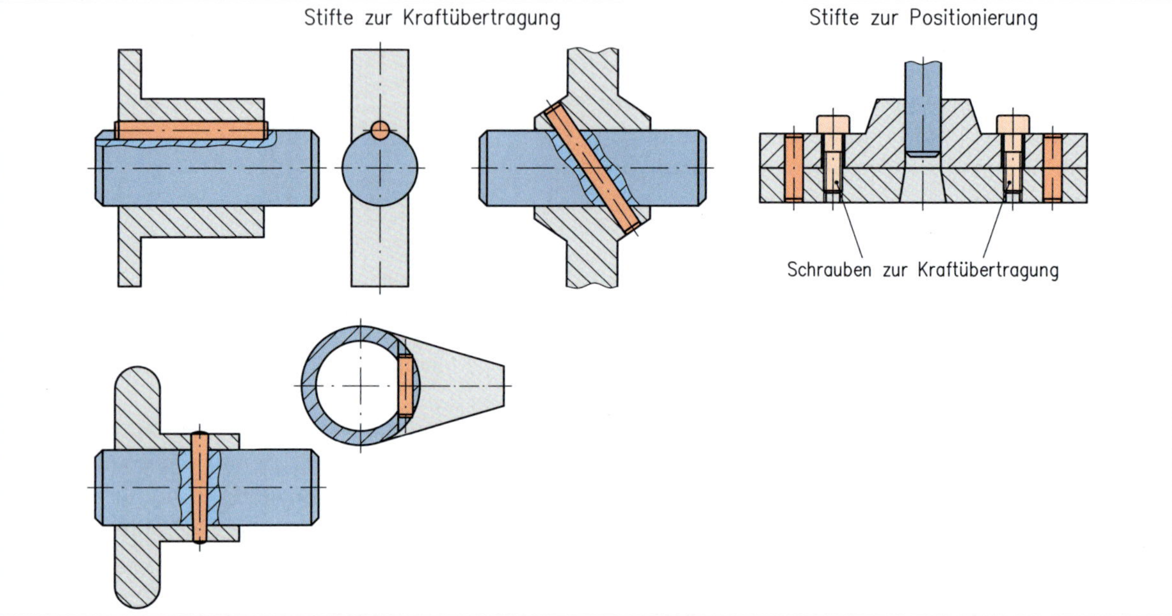


**1:** Anwendung von Stiften

**Werkzeuge zum Verarbeiten von Stiften**
Weil Stiftverbindungen formschlüssig sind, müssen die Stifte immer sehr genau mit den Bohrungen zusammenpassen. Die Bohrungen in den Teilen müssen exakt übereinanderliegen. Darum muss man sie manchmal aufeinanderlegen und sie dann gemeinsam bohren. Manchmal müssen Sie die Bohrung sogar mit einer Reibahle nacharbeiten. Dann wird die Bohrung noch genauer.
Bei einer Stiftverbindung sitzt der Stift sehr stramm in der Bohrung. Mit rein händischer Kraft bekommen Sie den Stift nicht in die Bohrung und auch nicht wieder heraus. Sie müssen viel Kraft dafür aufwenden und brauchen bestimmte Werkzeuge.
Zum Einschlagen von Stiften gibt es verschiedene **Hämmer** (Bild 2).

**Merke** Je härter der Werkstoff von den Bauteilen und von den Stiften ist, desto weicher muss der Hammer sein.

Stahlhämmer haben gehärtete Oberflächen. Damit müssen Sie sehr vorsichtig arbeiten. Denn Sie können damit leicht die Bauteile beschädigen, die Sie mit dem Stift verbinden wollen. Wenn die Bauteile oder der Stift gehärtet sind, sollten Sie einen weicheren Hammer aus Kupfer, Aluminium oder Kunststoff verwenden. Das machen Sie zum Beispiel beim Verarbeiten von Passstiften. Besonders gut eignen sich auch Kunststoffhämmer, die eine Schrotfüllung haben.
Um einen Stift aus einer Bohrung wieder herauszuschlagen, gibt es zwei verschiedene Werkzeuge:

**2:** Hämmer zum Verarbeiten von Stiften

- **Splinttreiber** (Bild 1) sind im vorderen Bereich zylindrisch geformt. Dieser Teil ist gehärtet. Der Durchmesser vom Splinttreiber sollte ungefähr so groß sein wie der Durchmesser vom Stift, aber natürlich nicht größer. Sie setzen den Splinttreiber senkrecht auf den Stift auf und schlagen mit dem Hammer auf das hintere Ende. So drücken Sie den Stift Stück für Stück aus der Bohrung. Weil der zylindrische Teil so lang ist, können Sie damit auch sehr lange Stifte herausschlagen. Oder Stifte, die in Bohrungen stecken, die etwas tiefer liegen. Weil der vordere Teil gehärtet ist, dürfen Sie nicht zu stark mit dem Hammer schlagen. Sonst kann der Splinttreiber brechen und Sie können sich verletzen.
- Mit einem **Durchtreiber** (Bild 2) arbeiten Sie genauso wie mit einem Splinttreiber. Durchtreiber sind im vorderen Bereich konisch. Darum können sie mehr Kraft übertragen. Sie sollten den Durchmesser vom Durchtreiber auch anpassen auf den Durchmesser vom Stift.

Diese Werkzeuge eignen sich nicht nur für das Herausschlagen von Stiften, sondern auch von Bolzen und Nieten.

# 10 Bolzenverbindungen

Bolzen sehen teilweise ähnlich aus wie Stifte. Sie sind zylindrisch geformt. Bolzen gibt es mit Kopf und ohne Kopf (Bild 3). Ihre Verwendung und ihre Verarbeitung sind aber ganz anders als bei Stiften. Es gibt außerdem noch sogenannte Setzbolzen. Dafür braucht man ein extra Setzgerät. Um solche Setzbolzen geht es hier aber nicht.

Bolzen für leichte Beanspruchungen sind aus sogenanntem Automatenstahl hergestellt. Und Bolzen für starke Beanspruchungen aus Einsatzstahl oder Vergütungsstahl. Bolzen eignen sich für diese Anwendungen:

- Als Verbindungsmittel bei beweglichen Verbindungen. Zum Beispiel an solchen Stellen, wo sich zwei oder mehrere Bauteile gegeneinander um eine Achse bewegen (Bild 4). Der Bolzen ist dann die Achse.
- Sie halten Teile an solchen Stellen zusammen, die man häufig öffnen und schließen muss. Darum sitzen Bolzen auch nicht so straff in den Bohrungen wie Stifte. Das heißt: Der Bolzen hat **Spiel** in der Bohrung.
- Sie fixieren Bauteile in ihrer Lage. So ähnlich wie ein Stift.

**1:** Splinttreiber

**2:** Durchtreiber

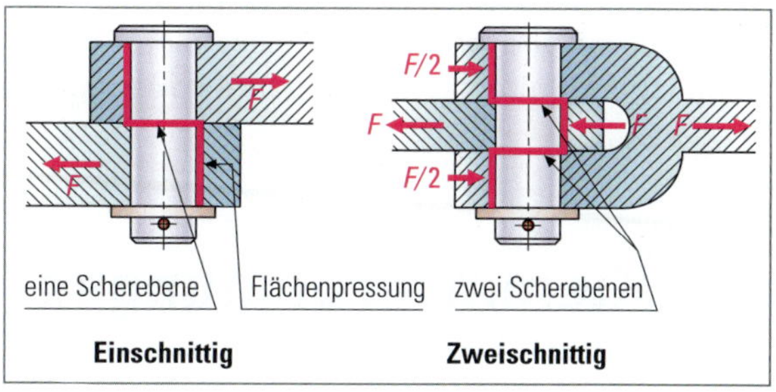


**4:** Gelenkverbindung mit Bolzen

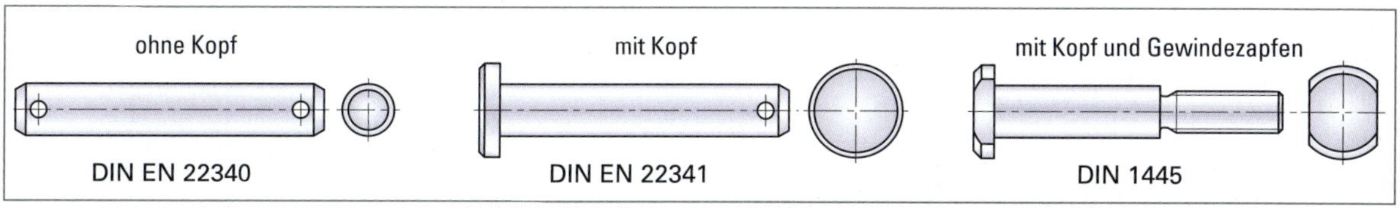


**3:** Bolzen

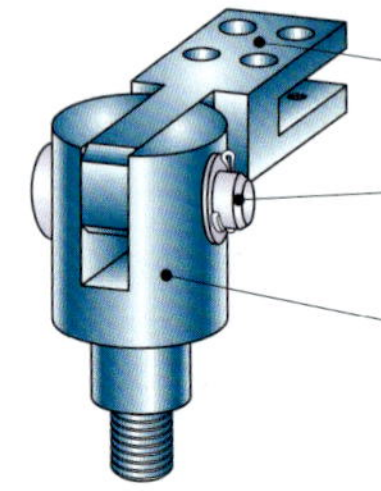


**1:** Bolzenverbindung mit Sicherungsring

> **Merke** Beim **Bolzen** entstehen **starre** oder **bewegliche, lösbare, formschlüssige Verbindungen**.

Viele Bolzenverbindungen sind auf **Abscherung** beansprucht. Sie können im Bild 4 (Seite 59) erkennen, an welchen Stellen Kräfte auf den Bolzen wirken. Die **Scherkräfte** verlaufen quer durch den Bolzen hindurch.
Bolzen dürfen sich in beweglichen Verbindungen nicht versehentlich lösen können. Darum müssen sie zusätzlich gesichert werden. Zum Beispiel durch einen Sprengring, einen Sicherungsring oder einen Splint. Manche Bolzen haben auch ein Gewinde an einem Ende. Diese Bolzen sichert man mit einer Sechskantmutter. Der Übergang vom Bolzen zur Schraube ist in dem Fall ziemlich fließend.
Manche Bolzen sind sehr stark beansprucht. Darum soll ein Bolzen aus einem Material sein, das härter ist als die Teile vom Werkstück. So verschleißt der Bolzen nicht und der Durchmesser bleibt gleich. Dann ist der Bolzen zuverlässig und dauerhaft belastbar.

# 11 Klemmverbindungen

Klemmverbindungen kommen an Stellen vor, wo die Teile sich nicht gegeneinander verschieben oder verdrehen sollen.

> **Merke** **Klemmverbindungen** sind **kraftschlüssige, lösbare** und **starre Verbindungen**.

Für eine Klemmverbindung braucht man immer ein Verbindungsmittel (Bild 2). Klemmverbindungen lassen sich meistens schnell und einfach herstellen. Und meistens lassen sie sich auch genauso schnell wieder lösen. Außerdem kann man sie an verschiedenen Stellen vom Bauteil anwenden. Darum eignen sie sich auch für provisorische Verbindungen.

Die Schraube geht durch eine Bohrung mit Innengewinde. Sie drückt auf das Bauteil, das Sie klemmen wollen. So eine Klemmverbindung lässt sich einfach herstellen. Die Schraube kann aber leicht das Bauteil beschädigen.

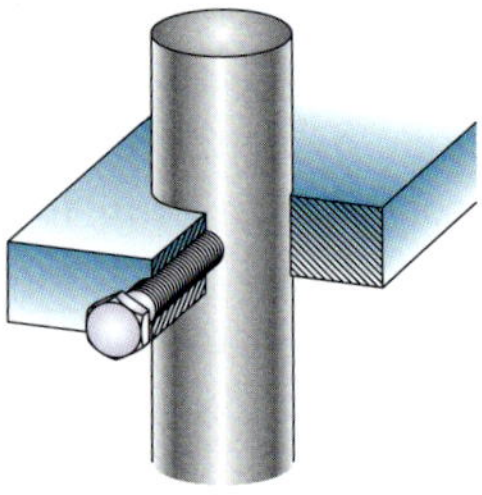

Das runde Bauteil klemmt zwischen den beiden Klemmbacken. Dadurch wird die Oberfläche vom Bauteil nicht so schnell beschädigt. Mit so einer Klemmverbindung können Sie die Bauteile ganz genau in Position bringen.

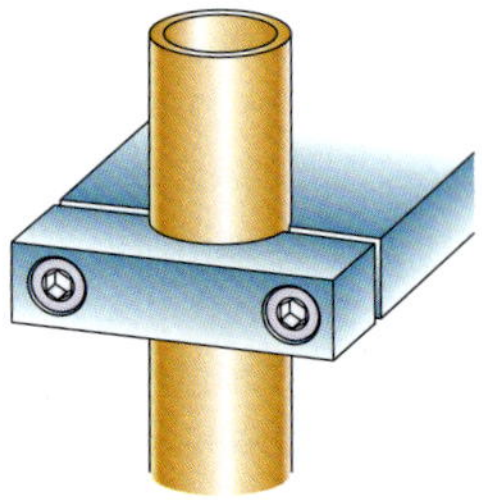

Für diese Klemmverbindung muss das eine Bauteil innen auch so eine Neigung wie der Keil haben. Sie drücken oder schlagen den Keil fest in die Öffnung hinein. Durch die Neigung kann der Keil das andere Bauteil mit viel Kraft festklemmen.

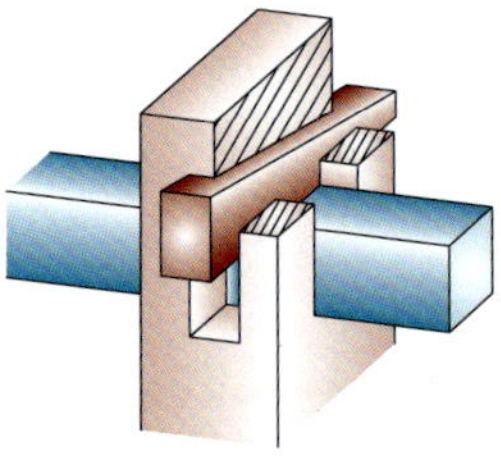

Wird eine Scheibe auf einer Welle so angebracht, dass die Scheibenachse außerhalb der Wellenachse liegt, so spricht man von einem Exzenter. Je kleiner die Exzentrizität, desto größer ist die Spannkraft.

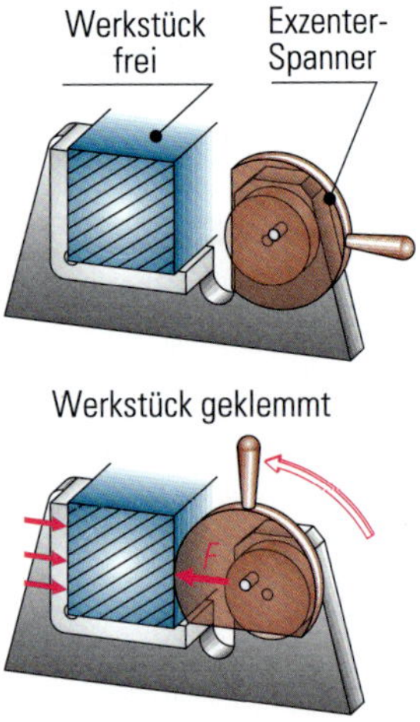


**2:** Ausgewählte Klemmverbindungen

# 12 Welle-Nabe-Verbindungen

Welle-Nabe-Verbindungen kommen an Maschinen vor. Und zwar an solchen Teilen, die Kräfte aus drehenden Bewegungen übertragen. So eine Kraft aus einer Drehbewegung heißt: **Drehmoment**.

Merke

**Welle-Nabe-Verbindungen** sind bewegliche Verbindungen.

Meistens besteht die Verbindung aus einer Welle, einer Achse oder einem Zapfen einerseits und aus einer Nabe andererseits. Die Nabe kann ein Werkzeug sein oder ein Antrieb wie zum Beispiel ein Zahnrad, ein Rad oder eine Riemenscheibe. Die Welle steckt dabei immer in der Nabe.

Welle-Nabe-Verbindungen dienen also dazu, Kräfte von der drehenden Welle auf die Nabe zu übertragen. Manchmal auch von der Nabe auf die Welle. Solche Verbindungen kommen häufig in der Metallindustrie vor. Zum Beispiel im Maschinenbau. Aber auch im Handwerk. Zum Beispiel an drehenden Maschinen. Auch wenn man sie in Metallbau-Handwerksbetrieben nicht herstellt, muss man solche Maschinen hin und wieder reparieren. Oder man muss Teile austauschen.

Genau genommen ist es auch eine Art Welle-Nabe-Verbindung, wenn ein Steinbohrer im Futter von einer Schlagbohrmaschine steckt: Der Bohrer hat Nuten (Bild 1), die genau zum Profil im Bohrfutter passen. Das ist ein Beispiel dafür, dass manchmal auch eine Nabe (hier nämlich das Bohrfutter) eine Welle (also den Bohrer) antreibt.

**1:** Steinbohrer mit unterschiedlichen Durchmessern, aber gleich geformten Nuten

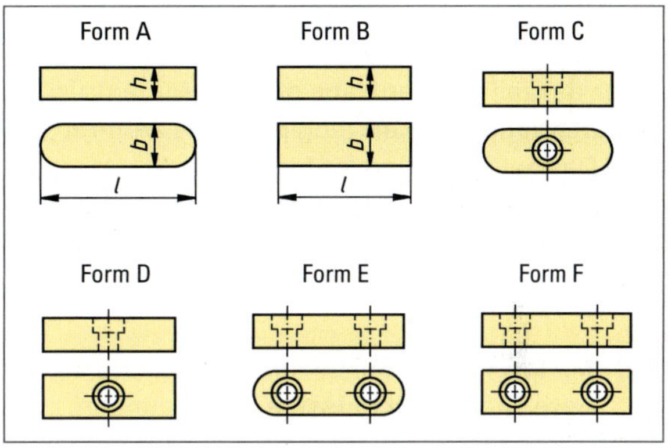


**2:** Verschiedene Passfedern

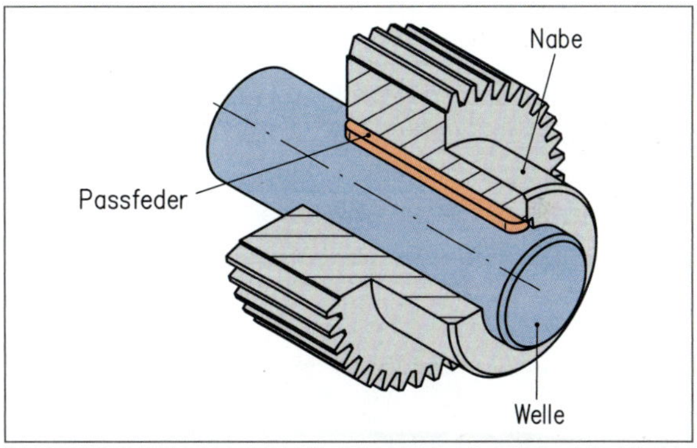


**3:** Welle-Nabe-Verbindung mit einer Passfeder

## 12.1 Formschlüssige Welle-Nabe-Verbindungen

### Passfedern

Passfedern sind keine Federn im herkömmlichen Sinn. Stattdessen sind es kleine, flache Verbindungsmittel aus massivem Metall. Es gibt Passfedern in verschiedenen Formen, Ausführungen und Größen (Bild 2). Passfedern „verbinden" die **Welle** von einer drehenden Maschine mit einer **Nabe** (Bild 3), zum Beispiel mit der Nabe von einem Werkzeug oder von einem Zahnrad. Natürlich sind die Nabe und die Welle sowieso miteinander verbunden, wenn man die Teile zusammenbaut. Die Passfeder hat darin aber einen besonderen Platz. Sie sitzt in einer Nut, die längs in die Welle eingefräst ist. Die Bohrung von der Nabe hat auch eine solche eingefräste Nut.

Die Passfeder ist genauso breit wie diese Nuten. Sie hat zwei Aufgaben:

- Sie zentriert mit der Nabe das Bauteil, das auf die Welle aufgeschoben wird.
- Sie überträgt die Kraft vom Motor auf das Werkzeug oder das Zahnrad.

Die Passfeder überträgt das Drehmoment vom Motor über ihre Seitenflächen. Weil solche Verbindungsmittel ein Werkzeug oder einen Antrieb „mitnehmen", heißen sie auch: **Mitnehmer**. Sie eignen sich für Maschinen mit hohen Drehgeschwindigkeiten. Die Kräfte wirken auf die Seitenflächen von der Passfeder. Darum ist ihr Querschnitt auf **Abscherung** beansprucht.

Die **Breite** von der Nut und von der Passfeder müssen sehr genau zueinanderpassen. Das heißt, dass beide mit einer hohen Genauigkeit gefertigt sein müssen. Denn die Passfeder muss ohne Spiel in der Nut sitzen (Bild 1). Die Nut muss aber etwas **höher** sein als die Passfeder. Sonst kann die Passfeder das Teil mit der Nabe aus der Mitte drücken. Dadurch kann das Werkzeug oder das Zahnrad „eiern". Das heißt: unrund laufen.

Eine Passfederverbindung lässt sich leicht montieren und demontieren. Es ist also eine lösbare Verbindung.

**Merke**

Mit **Passfedern** entstehen **bewegliche**, **lösbare** und **formschlüssige** Verbindungen.

Bei manchen Passfederverbindungen kann man auch das Bauteil (zum Beispiel das Zahnrad) in Längsrichtung verschieben. Das heißt: **axial**. Dann müssen die Passfeder und die Nut mit bestimmten Toleranzen hergestellt sein. Außerdem muss man das Teil zusätzlich sichern, damit es nicht versehentlich von der Welle abfällt.

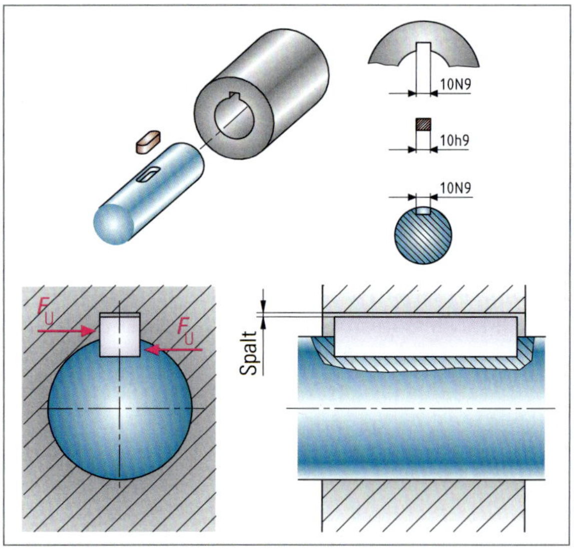


**1:** Passfederverbindung

**Vorteile von Passfederverbindungen:**

- Passfedern sind sehr preisgünstig und einfach herzustellen.
- Sie lassen sich sehr einfach montieren und wieder demontieren.
- Sie lassen sich mehrfach verwenden.

**Nachteile von Passfederverbindungen:**

- Passfedern beanspruchen die Welle.
- Die Nuten in der Welle und in der Nabe schwächen den Querschnitt von diesen Bauteilen.
- Sie eignen sich hauptsächlich für Maschinen, bei denen sich die Welle immer nur in eine Richtung dreht.
- Sie eignen sich hauptsächlich für Maschinen, bei denen sich die Welle mit gleichbleibender Geschwindigkeit dreht.
- Sie übertragen nur ziemlich geringe Drehmomente.
- Bei einer Verbindung mit nur einer einzigen Passfeder kann eine Unwucht entstehen. Dadurch vibriert die Maschine und verschleißt schneller.

**Profilwellenverbindungen**

An **Profilwellenverbindungen** haben die Welle und die Nabe besondere Profile, die genau zueinander passen. Sie funktionieren darum ohne zusätzliche Verbindungsmittel. Es gibt verschiedene Profile (Bild 1, Seite 63). Sie eignen sich besonders für Drehbewegungen, bei denen sich die Drehrichtung immer mal wieder ändert. Bei Profilwellen sind die Kräfte am Wellenumfang gleichmäßiger verteilt. Die wichtigsten Profilwellenverbindungen sind das **Keilwellenprofil**, das **Kerbzahnprofil** und das **Polygonwellenprofil**. Solche Profilwellen gibt es an Werkzeugmaschinen, aber zum Beispiel auch in Form von der Zapfwelle hinten an Traktoren.

**Keilwellenverbindung:**

**Keilwellen** haben sogenannte Keile, die in Längsrichtung auf der Welle liegen. In der Bohrung von der Nabe sind Nuten in Längsrichtung. Die Keile sind die Mitnehmer, die die Nabe bewegen. Keile und die Nuten passen von ihrer Form und ihrer Größe genau zusammen. Darum eignen sie sich besonders für die Übertragung von sehr großen Kräften und für solche Kräfte, die stoßweise auftreten. Wegen dieser guten Passform verteilen sich

die Kräfte sehr günstig auf der Welle. Darum eignet sich diese Verbindung auch für schmale Naben.
Es gibt Keilwellen in verschiedenen Größen und Ausführungen.
Wenn eine Keilwelle richtige Zähne hat, heißt sie: **Zahnwelle**. Zahnwellen haben teilweise eine große Anzahl von Zähnen. Es gibt sie in zwei verschiedenen Formen. Die heißen: **Kerbzahnprofil** und **Evolventenzahnprofil**. Die beiden Profile unterscheiden sich in ihrer Form nur leicht. Aber trotzdem sollen Sie nicht versuchen, beide Profilarten zu „mischen". Wahrscheinlich bekommen Sie eine Welle mit Evolventenzähnen gar nicht in eine Nabe mit Kerbzähnen, ohne Gewalt anzuwenden. Wenn Sie es doch schaffen, dann nutzen sich die Zähne schnell ab oder können sogar abbrechen. Das Kerbzahnprofil nutzt man meistens bei festen Verbindungen. Das Evolventenzahnprofil kommt zum Einsatz bei leicht lösbaren, verschiebbaren Verbindungen. Aber auch bei festen Verbindungen.

**Polygonwellenverbindung:**
Das Wort „Polygon" kommt aus dem Griechischen und bedeutet „Vieleck". **Polygonwellen** haben nicht solche Mitnehmer wie Keilwellen oder Zahnwellen. Stattdessen haben Polygonwellen eine besondere Form. Diese Form von der Welle passt ganz genau zur Form von der Nabe. Der Vierkant von einer Ratsche zum Aufstecken von Steckschlüsseln ist auch eine Art Polygonwelle. Welle und Nabe haben bei einer Polygonwellenverbindung kein Spiel. Polygonwellen laufen wegen dieser gleichmäßigen Form sehr genau rund. Bei einer Verbindung mit einer Polygonwelle kann also eigentlich keine Unwucht entstehen. Es sei denn, dass zum Beispiel etwas an der Welle, an der Nabe oder am Motor beschädigt ist. Polygonwellenverbindungen eignen sich besonders für hohe Beanspruchungen. Sie sind für lösbare Verbindungen geeignet.

## 12.2 Kraftschlüssige Wellen-Naben-Verbindungen

**Keilverbindungen**
Eine Keilverbindung sieht so ähnlich aus wie eine Verbindung mit einer Passfeder. Für solche Verbindungen braucht man ein zusätzliches Verbindungsmittel, nämlich einen **Keil** (Bild 1, Seite 64). Es gibt Keile in verschiedenen Größen und Formen. Zum Beispiel deutlich keilförmig oder auch fast so flach wie eine Passfeder. Keile übertragen Kräfte und Drehmomente dadurch, dass sie die Bauteile miteinander **verklemmen**. Sie übertragen die Kräfte aber nicht nur formschlüssig wie die Passfedern, sondern mit einer Kombination von Kraftschluss und Formschluss. Keilverbindungen gibt es übrigens nicht nur bei Welle-Nabe-Verbindungen. Es gibt sie auch bei anderen Verbindungen im Metallbau, außerdem in der Tischlerei und Zimmerei. Keilverbindungen eignen sich für drehende Maschinen mit kleinen Drehzahlen, bei denen große, wechselnde und stoßartige Belastungen vorkommen.

**Merke**
Mit **Keilen** entstehen **bewegliche** oder **starre**, **lösbare**, **kraftschlüssige** und **formschlüssige Verbindungen**.

**Vorteile von Keilverbindungen:**

- Sie lassen sich schnell montieren und demontieren.
- Sie lassen sich mehrmals verwenden.

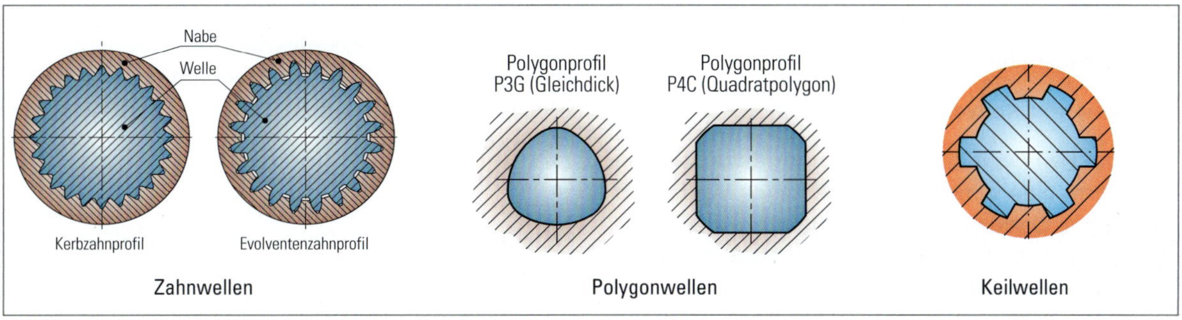


**1:** Profilwellen

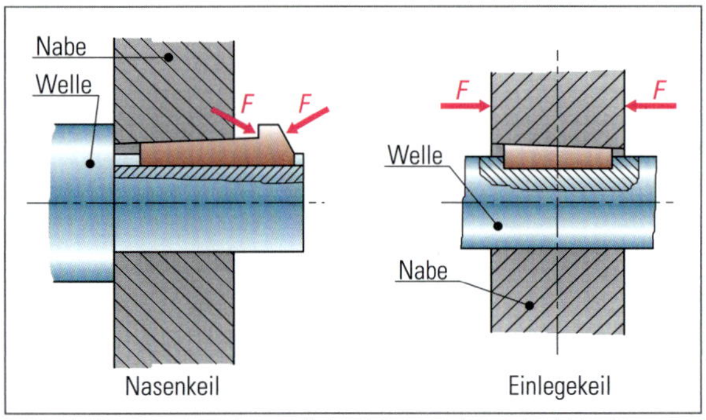


**1:** Keilverbindung

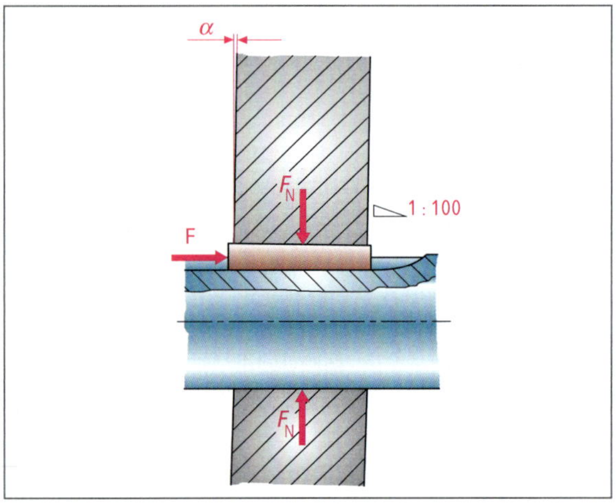


**2:** Die Nabe verkippt auf der Welle

**3:** Treibkeilgarnitur

**Nachteile von Keilverbindungen:**

- Der Keil bewirkt bei der Montage durch seine Form eine Vorspannung zwischen Welle und Nabe. Dadurch kippt die Nabe auf der Welle ganz leicht (Bild 2). Als Folge läuft die Nabe nicht ganz genau rund.
- Weil solche Verbindungen nicht ganz genau rund laufen, eignen sie sich nur für wenige Anwendungen.
- In der Welle und in der Nabe gibt es für die Keile eine Nut (oder mehrere). Dadurch ist der Querschnitt vom Bauteil an der Stelle geschwächt.

**Keilarten und deren Montage**

Weil es verschiedene Keilarten gibt (Bild 1, Seite 65), braucht man für die Montage und für die Demontage auch unterschiedliche Werkzeuge.

**A)** Den **Einlegekeil** legt man einfach in die Nut von der Welle und von der Nabe. Dafür brauchen Sie kein besonderes Werkzeug. Solche Keile können große Drehmomente übertragen.

Für die anderen Keilarten brauchen Sie Werkzeug. Um den Keil in die Nut zu treiben, benutzen Sie einen Hammer oder einen Keiltreiber (Bild 3). Einen Keiltreiber benutzen Sie zum Beispiel dann, wenn Sie mit dem Hammer nicht an den Keil kommen, weil die Stelle schlecht zugänglich ist. Beim Eintreiben vom Keil müssen Sie aufpassen, dass Sie nicht die Oberfläche von der Welle oder vom Keil beschädigen.

**B)** Zur Montage von einem **Treibkeil** benutzen Sie einen Keiltreiber. Der Keiltreiber muss flach genug sein, sodass er die Nut von der Welle nicht beschädigt. Zur Demontage benutzen Sie auch den Keiltreiber, jedoch von der Rückseite.

**C)** Der **Nasenkeil** eignet sich für Stellen, die nur von einer Seite aus zugänglich sind. Also für solche Stellen, wo Sie den Keil nicht von der Rückseite her demontieren können. Zum Demontieren von einem Nasenkeil benutzen Sie einen Keilzieher. Der Keilzieher greift hinter die Nase. Mit einer Hebelbewegung können Sie den Keil herausziehen.

**D)** Für eine **Tangentkeilverbindung** brauchen Sie vier gleiche Keile. Die vier **Tangentkeile** kommen jeweils zu zweit an bestimmte Stellen zwischen Welle und Nabe. So eine Verbindung kann große Drehmomente übertragen. Auch wenn sich die Drehrichtung immer mal wieder ändert. Solche Keile übertragen das Drehmoment allerdings nicht kraftschlüssig, sondern formschlüssig.

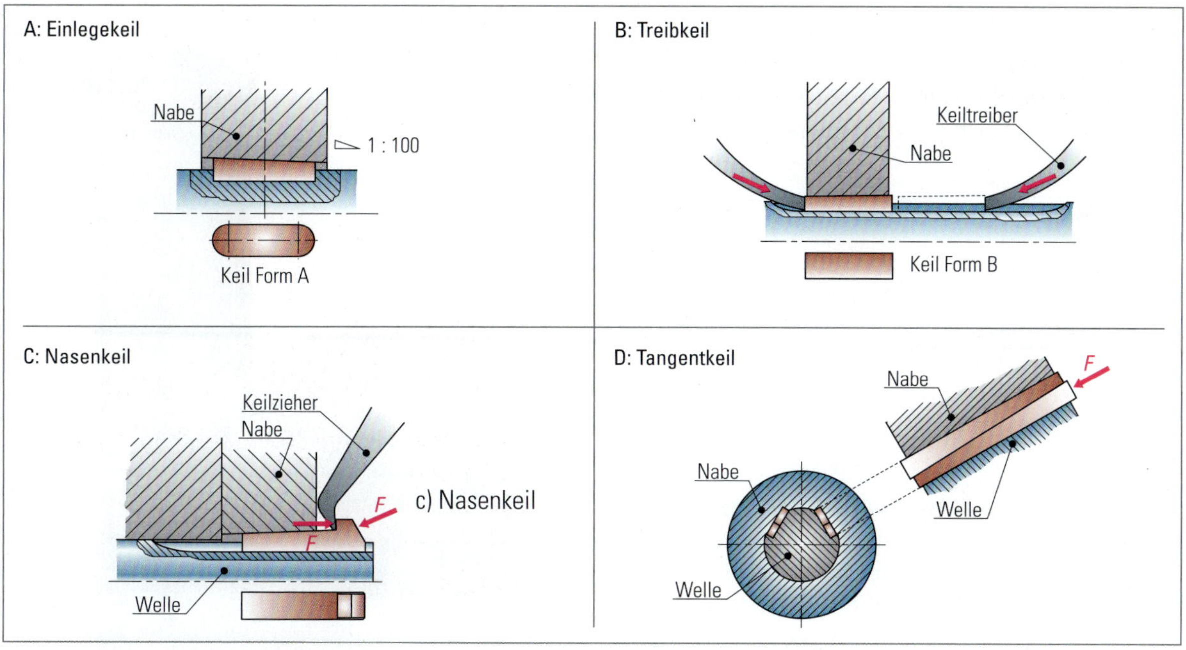


**1:** Keile und ihre Verarbeitungen

## Werkstatthinweise

- Trennen Sie die Maschine vor der Reparatur vom Stromkreis.
- Wenn Sie Welle-Nabe-Verbindungen reparieren, müssen Sie immer genau die Verbindungsart wieder verwenden, die auch ursprünglich vorhanden war. Versuchen Sie nicht, „das Rad neu zu erfinden".
- Die Verbindungsmittel sehen teilweise ähnlich aus. Man darf sie aber nicht verwechseln. Sie müssen sich also immer erkundigen, welches Verbindungsmittel das richtige ist. Informationen dazu finden Sie im Tabellenbuch.

## 12.3 Pressverbindungen

Pressverbindungen kommen nicht so oft im Handwerk vor. Eher in der Metallindustrie, zum Beispiel im Maschinenbau oder im Fahrzeugbau.
Für Pressverbindungen braucht man keine zusätzlichen Verbindungsmittel, also keine Stifte, Schrauben, Splinte, Klebstoffe oder sonstiges.

**Merke**

Beim **Pressen** entstehen **starre** oder **bewegliche, unlösbare, kraftschlüssige Verbindungen**.

Es gibt zwei verschiedene Arten:

- Pressen durch rein mechanische Krafteinwirkung
- Pressen mit zusätzlichem Erwärmen oder Kühlen

Wenn Teile durch Pressen miteinander verbunden sind, heißt das: **Pressverband**.
Durch Pressen verbindet man häufig Teile mit einem runden Querschnitt. Zum Beispiel eine Welle und eine Nabe. Das Besondere am Pressen ist: Der Durchmesser von der Welle muss **größer** sein als der Innendurchmesser von der Bohrung. Solche Teile lassen sich ja normalerweise nicht fügen. Das geht nur mit bestimmten Pressverfahren. Allerdings müssen die Durchmesser gut zueinander passen. Wenn der Unterschied zwischen den Durchmessern zu groß ist, kann die Nabe beim Pressen nämlich reißen oder zerspringen.
Die Teile sind danach so fest ineinandergefügt, dass sie sich nicht mehr zerstörungsfrei lösen lassen. Pressverbindungen kommen auch an Teilen vor, die Kräfte oder Bewegungen übertragen.

**Vorteile vom Pressen:**

- Es geht schnell.
- Man braucht keine Verbindungsmittel. Dadurch lässt sich Gewicht sparen.

**Nachteile vom Pressen:**

- Man braucht häufig spezielle Maschinen.
- Man muss Toleranzen ganz genau beachten und einhalten. Es ist also kein Verfahren, bei dem Sie improvisieren können.
- Die Pressverbindung lässt sich meistens nicht mehr korrigieren.

### 12.3.1 Pressen mit mechanischer Kraft

Zum Herstellen von einem Pressverband braucht man eine besondere elektrische Maschine. Nämlich eine hydraulische oder pneumatische Presse (Bild 1). Das Wort „**hydraulisch**" kommt aus dem Altgriechischen. Wenn man es Wort für Wort übersetzt, heißt es „Wasserrohr". Hydraulische Maschinen haben einen Tank, Schläuche und Ventile, um mit einer Flüssigkeit zum Beispiel Kraft oder Energie zu übertragen. Das Wort „**pneumatisch**" kommt auch aus dem Altgriechischen und heißt übersetzt „Hauch" oder „Wind". Pneumatische Maschinen haben einen Kompressor, Schläuche und Ventile, um mit Druckluft Kraft oder Energie zu übertragen. Solche Maschinen arbeiten teilweise mit extrem hohen Kräften. Sie können bis zu 1000 kN erreichen.

kN ist die Abkürzung für **Kilonewton**. **Newton** ist die Einheit für physikalische Kraft. Wie viele andere Einheiten ist auch diese Einheit nach einem Wissenschaftler benannt. Nämlich nach dem Physiker Isaac Newton, der vor ungefähr 300 Jahren lebte. 1000 kN entsprechen ungefähr dem Gewicht von 100 Tonnen. Das entspricht fast dem Gewicht von drei voll beladenen Lkw.

Eine Pressverbindung mit einer hydraulischen oder pneumatischen Maschine heißt: **Längspressverbindung**. Solche Pressen können einen Pressverband fügen, bei dem die Teile von sich aus nicht zusammenpassen würden. Der große Durchmesser von der Welle drückt beim Pressen den eigentlich zu kleinen Durchmesser von der Bohrung auseinander.

Damit die Teile sich besser ineinander pressen lassen, ist die Welle vorne häufig etwas angefast. Das

**1:** Pneumatische Presse

Material verdichtet sich an der Innenseite von der Bohrung (Bild 1, Seite 67). Aber es ist nur elastisch verformt. Es „will" ja wieder in seine ursprüngliche Form zurück. Dadurch entsteht der starke Kraftschluss.

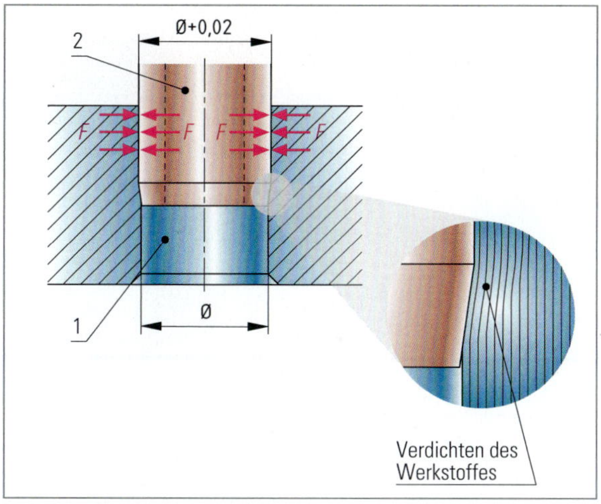


**1:** Pressverband

Eine pneumatische oder hydraulische Presse kann einen Pressverband manchmal auch wieder lösen.

## 12.3.2 Schrumpfen und Dehnen

Metalle **dehnen** sich durch Wärme aus und **schrumpfen** beim Abkühlen. Darüber haben Sie im Kapitel über die Werkstofftechnik schon etwas erfahren. In vielen Fällen ist das Ausdehnen und Schrumpfen nicht erwünscht, weil sich dadurch die Maße von einem Werkstück ändern. Das Werkstück kann sich sogar verformen. Aber man kann es auch zum Fügen nutzen. Wenn man beim Pressen zusätzlich Wärme oder Kälte nutzt, heißt das: **Querpressverbindung**.

**Schrumpfverbindung**

Für eine Schrumpfverbindung erwärmt man die Nabe und schiebt sie dann auf die Welle. Beim Abkühlen verringert die Nabe ihren Durchmesser (Bild 2). Das heißt: Sie **schrumpft**. Dadurch sitzt die Nabe fest auf der Welle. Mit diesem Verfahren lassen sich eine Welle und eine Nabe schnell fügen. Aber man kann die Verbindung danach nicht mehr ändern.

**Dehnverbindung**

Für eine Dehnverbindung kühlt man die Welle ab. Zum Beispiel in einem Kühlschrank, mit Trockeneis, mit flüssigem Sauerstoff oder mit flüssigem Stickstoff. Dabei verringert sich ihr Durchmesser. Man schiebt dann die abgekühlte Welle in die Nabe. Wenn die Welle sich dann wieder auf Raumtemperatur erwärmt, dehnt sie sich aus (Bild 1, Seite 68). Welle und Nabe sitzen dann fest ineinander. Diese Verbindung kann man nach dem Fügen nicht mehr ändern.

### Werkstatthinweise

- Beim Erwärmen von Bauteilen mit dem Brenner müssen Sie natürlich alle Vorschriften von der Berufsgenossenschaft beachten, sodass Sie damit nicht sich oder andere gefährden.
- Erst recht gilt das für die Arbeit mit Kühlstoffen. Hantieren Sie NIEMALS allein und ohne Anweisung mit Trockeneis, flüssigem Sauerstoff oder flüssigem Stickstoff. Diese sind zwar extrem interessant, aber kein Spielzeug. Legen

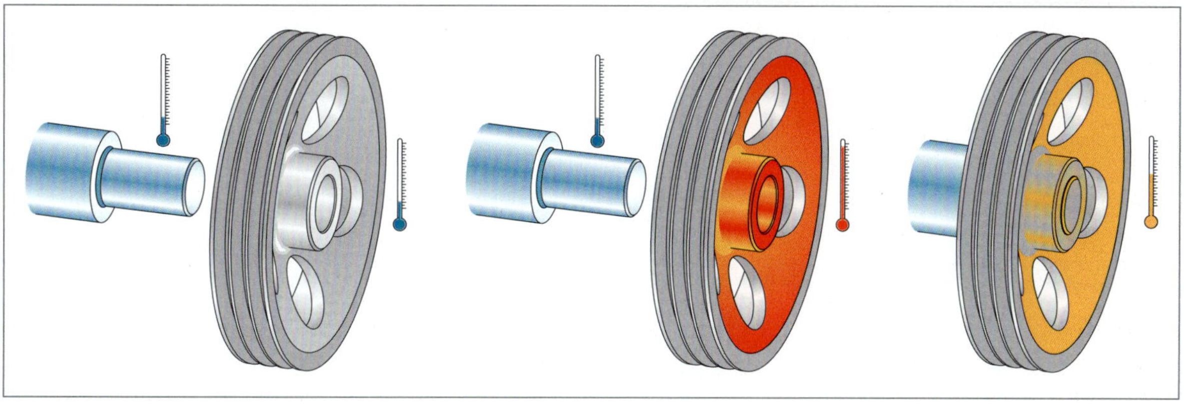

**2:** Schrumpfverbindung

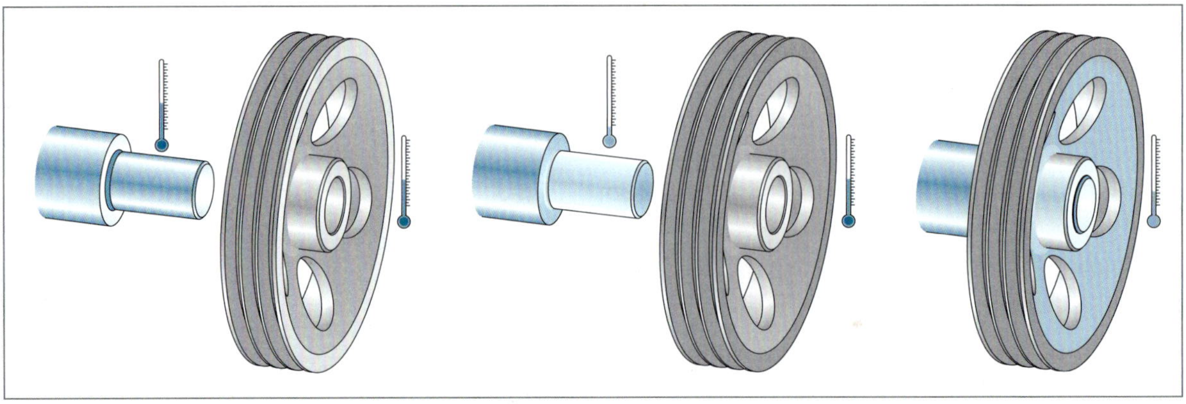

**1:** Dehnverbindung

Sie mal einen Metallgegenstand ins Gefrierfach und holen Sie ihn nach einer Stunde wieder heraus. Ihre Haut wird leicht daran „festkleben". Denn das kalte Metall lässt sofort das Wasser in Ihrer Haut daran festfrieren. Das ist unangenehm, aber ungefährlich. Trockeneis ist allerdings fast –100 °C kalt, flüssiger Stickstoff und flüssiger Sauerstoff sogar fast –200 °C. Bei Berührungen mit der Haut entstehen ernsthafte Verletzungen. Außerdem besteht bei der Arbeit mit Gasen auch immer Explosionsgefahr. Auch, wenn sie flüssig sind.

## Übungen

1. Nennen Sie Welle-Nabe-Verbindungen.
2. Erklären Sie den Unterschied zwischen einer Passfeder und einem Keil.
3. Warum kann man Dehnverbindungen und Schrumpfverbindungen nicht mehr lösen?

# Sachwortregister X

## A



## B



## D



## E



## F



## G



## H

## I



## K



## L



## M



## N



## P



## Q



## R

## S



## T



## U



## V



## W



## Z

# Bildquellenverzeichnis

Autoren und Verlag danken den genannten Firmen, Institutionen und Personen für die Überlassung von Vorlagen bzw. Abdruckgenehmigungen folgender Abbildungen:

**Air-Liquide Deutschland GmbH**, Krefeld: S. 32/2
**AMF Andreas Maier GmbH & Co. KG**, Fellbach: S. 44/4
**Festo AG & Co. KG**, Esslingen: S. 31/1
**Fronius International GmbH**, A-Wels: S. 24/1
**Grafische Produktion Neumann**, Rimpar: S. 44/1, 2
**Gunter Offterdinger**, Niefern-Öschelbronn: S. 25/1a
**HAZET-WERK, Hermann Zerver GmbH & Co. KG**, Remscheid: S. 47/4; 58/2a; 59/1, 2
**Joh. Hermann Picard GmbH & Co. KG**, Wuppertal: S. 58/2b
**Katrin Kappenstein**, Bornheim: S. 6/1; 13/1; 48/2; 49/1, 2; 50/1; 61/1
**KS TOOLS Werkzeuge-Maschinen GmbH**, Heusenstamm: S. 54/2
**LORCH Schweißtechnik GmbH**, Auenwald: S. 28/1b; 29/1b
**Michele Di Gaspare – Render 3Dx**, 50127 Bergheim: S. 5/1; 13/2; 14/1, 2; 15/1, 2; 18/1, 2; 20/2; 42/1a-f, 2; 43/1, 2; 46/1b; 58/1; 61/3; 63/1c
**OBI GmbH & Co. Deutschland KG**, Köln: S. 36/1c
**Perkeo-Werk GmbH + Co. KG**, Schwieberdingen: S. 36/1a+b
**Planungs- und Ing.-Büro Manfred Appel**, 24568 Kattendorf: S. 2/1a+b; 4/1a-f; 7/1, 2; 8/1; 9/1; 11/1; 12/1; 16/1, 2a-j; 17/1; 19/1; 20/1a-r; 22/2a+b; 25/1b, 2; 27/1; 28/1a; 29/1a; 30/1, 2; 31/2; 32/1; 33/1, 2a-c; 34/2; 35/1, 2; 37/1, 2; 38/1; 41/1; 44/3; 45/1a-i; 46/1; 47/2; 48/1; 52/1a-h; 53/1; 54/1, 3; 55/1, 2a-c; 57/1, 2; 59/3, 4; 60/1, 2a-d; 62/1a+b; 63/1a+b; 64/1, 2; 65/1; 67/1, 2; 68/1
**PROXXON S.A.**, L-Wecker: S. 47/1a-c, 3a-d
**Shutterstock Images LLC**, New York, USA: S. 41/2 (krolya25); 52/2a (Lovell Digital), 2b (dvoevnore), 2c (Mr Twister), 2d (V.Vanacore)
**stock.adobe.com**: S. 22/1 (Alexandr Steblovskiy)
**TOX® PRESSOTECHNIK GmbH & Co.KG**, Weingarten: S. 66/1
**WEGENER International GmbH**, Eschweiler: S. 34/1
**weha Ludwig Werwein GmbH**, Königsbrunn: S. 64/3
**Wiha Werkzeuge GmbH**, Schonach: S. 58/2c
**Witt-Gasetechnik GmbH & Co KG**, Witten: S. 36/1d

# Raum für Notizen